在博物馆里看中国历史

宋元辽夏金史

李丰——编著　　童圆文化——绘

北京理工大学出版社
BEIJING INSTITUTE OF TECHNOLOGY PRESS

图书在版编目（CIP）数据

在博物馆里看中国历史 : 全 6 册 / 边庆祝等编著 ;
马尔克斯文创 , 童圆文化绘 . -- 北京 : 北京理工大学出
版社 , 2025. 4.
ISBN 978-7-5763-4934-4

Ⅰ . K209

中国国家版本馆 CIP 数据核字第 2025N20C43 号

责任编辑：李慧智　　文案编辑：李慧智
责任校对：王雅静　　责任印制：施胜娟

出版发行 / 北京理工大学出版社有限责任公司

社　　址 / 北京市丰台区四合庄路 6 号

邮　　编 / 100070

电　　话 /（010）68944451（大众售后服务热线）
　　　　　　（010）68912824（大众售后服务热线）

网　　址 / http://www.bitpress.com.cn

版 印 次 / 2025 年 4 月第 1 版第 1 次印刷

印　　刷 / 武汉林瑞升包装科技有限公司

开　　本 / 889 mm × 1194 mm　1/16

印　　张 / 48

字　　数 / 720 千字

定　　价 / 299.00 元（全 6 册）

图书出现印装质量问题，请拨打售后服务热线，负责调换

你们知道吗？大禹三过家门而不入，胸怀怎样的壮志与担当？诸葛亮未出茅庐便知天下三分，是何种睿智在他脑海闪耀？霍去病高呼"匈奴未灭，何以家为"，是何等的豪情壮志？历史，从来不是故纸堆里的陈旧记载，而是智慧的源泉，是灵魂的滋养。知历史，能让我们找到前行的坐标；明历史，有益于我们洞察人心的幽微；悟历史，可助我们拥有披荆斩棘的力量。历史就像一座蕴藏无尽宝藏的矿山，越深入挖掘，等待你的越有可能是珍稀的宝物。

博物馆就是那座与历史紧紧相连的桥梁，是岁月精心雕琢的宝库，承载着人类的辉煌与沧桑，以独一无二之姿态静立于尘世，等待世人揭开历史的神秘面纱。那古老的青铜鼎，斑驳的锈迹如同岁月的泪痕，神秘的纹路宛如古老的密码，诉说着祭祀的庄重、王朝的更迭。还有那色彩斑驳的壁画，犹如一部部生动的史书，尽显市井的热闹喧嚣、宫廷的奢华繁缛；人物的神情姿态、举手投足，尽显古代生活的千姿百态。那些古老的书卷，纸张虽已泛黄，却承载着历史的真相，甚至一个字就可能激活一段鲜为人知的历史。一件文物，一个事件，一则故事，或如激昂的战歌，或如悲壮的挽曲，或似温情的牧歌，或像残酷的警钟，交织成一幅五彩斑斓又深沉厚重的历史画卷。牧野之战的战火仿佛从未熄灭，楚汉英雄的智慧与勇气令人叹为观止，淝水之战以少胜多的辉煌展现出惊人的力量……那些为了信念、为了家国正义而慷慨赴死的将士们如同璀璨星辰，在历史的黑暗中闪耀着永不磨灭的光辉。

历史就是这样一面镜子，映照着人类的兴衰荣辱，也映照出人性的光辉与阴暗。从商纣王的酒池肉林导致王朝覆灭，到贞观之治的开明盛世成就繁荣昌盛，历史的教训与经验如洪钟大吕，振聋发聩。历史告诫我们，在困境中要坚守希望，在繁华中要保持清醒，骄奢淫逸是堕落的深渊，励精图治是兴盛的基石。

对于孩子们而言，博物馆里的文物和历史故事，是一扇扇通往神秘世界的大门，是

序

点燃他们好奇心与求知欲的火种。当孩子们站在这些古老的文物面前，心中会涌起对未知的渴望、对历史的敬畏。这些文物和故事，就像播撒在孩子们心田的种子，一颗承载着对神秘历史无尽向往与渴望的种子。在岁月的润泽下，这颗种子会生根发芽，成长为一棵庇荫心灵的大树，最终成为人生中最宝贵的精神财富。

这套"在博物馆里看中国历史"书系，以博物馆为契机，将文物、历史、故事、人文百科知识有效结合，旨在用真实的文物串联起整个中国史，用肉眼可见的、可以触摸的东西，带给孩子更真实的历史体验感。全套书按时间顺序分为史前夏商周史、春秋战国秦汉史、三国两晋南北朝史、隋唐五代十国史、宋元辽夏金史、明清史6册，从史前云南元谋人开始，一直讲到清朝灭亡。书中设置文物档案、博物馆小剧场、历史小百科三大版块。其中，"博物馆小剧场"以第一人称的形式讲述特定历史时期的事件，胶片式的设计风格、活泼生动的表达方式，让孩子们既能享受到看电影一般的爽感，同时又能轻松掌握特定时期的历史发展变化。全书在内容的编写上，既尊重历史的真实性，又充分考虑当代孩子的阅读习惯和兴趣，语言生动有趣，极具可读性。图片上既有真实的文物考古图，又有精美的手绘插图，极具审美和艺术欣赏的价值。

当孩子们翻开这套书籍时，就如同开启了一部神奇的时光机，可以与古人对话、与历史相拥。愿这些历史的遗珠绽放出的智慧光芒，照亮孩子们前行的道路，使他们在喧嚣的现代社会中，拥有一片宁静而深邃的精神家园。

2025 年 1 月　于林甸

目 录
CONTENTS

第一章
结束分裂的北宋初期

第二章
北宋周边国家的崛起

目录
CONTENTS

第五章

偏安半壁的南宋

第六章

从草原上走来的元朝

目录
CONTENTS

第七章
宋元时期的经济与科技

第一章
结束分裂的北宋初期

第一节

陈桥兵变

文物档案

名　称：宋代仪仗龙吞口偃月双刀

特　点：铁质。刀身扁平开阔，刀头反向钩曲呈鹰喙状，刀头与柄连接处有龙形吞口。是一种仪仗用具。

收　藏：中国刀剪剑博物馆

959年，后周世宗柴荣病死，年仅7岁的柴宗训继位，他就是周恭帝。960年，传闻辽国联合北汉要大举入侵后周，殿前都点检、归德军节度使赵匡胤受命迎击敌人。周军行至陈桥驿时，发生了兵变，将士们将黄袍披到赵匡胤身上，拥护他做皇帝。随后，赵匡胤班师回京，与石守信等人迫使周恭帝禅位，改国号为宋，史称宋太祖，仍定都开封。即位后，宋太祖首先下令开凿汴河、蔡河、金水河、广济河四条漕运线路，即"漕运四渠"。他又命令河工疏通各处河道，便于灌溉农田，发展农业。此外，宋太祖还颁布了《宋刑统》等一系列的律法，为宋朝初期的经济发展、社会稳定、民心归附创造了条件。

博物馆小剧场　一个河工的心声

1 嘿，我们河工的好日子来了！新皇帝一登基，就宣布开凿汴河、蔡河、金水河和广济河四条漕运线路。虽然开凿运河有点儿辛苦，但皇上下令增加河工的工钱，这真是天大的好消息！

2 昨天，有一名河工在与人争执时误伤了对方。大家都为他捏了一把汗，如果按后周的法律，他是要坐牢的。但按照新法，他只需挨20下板子，外加从事修城墙的劳役一年。刑罚真的减轻了不少！

3 听说李重进叛乱了，朝廷要去平叛。打仗哪能少得了粮草？我和其他工友们都干劲儿十足，因为打仗需要的军事物资和粮草，都要通过我们开凿的运河运输。我们就像自己参与了打仗一般自豪！

4 今天，一个农民给我们送来了馒头。原来，我们挖掘的运河不仅让农田得到了灌溉，使得粮食大丰收，还方便了官府收购粮食。农民对新皇帝满意得不得了，连带我们河工也一道感谢了！

　　我们来聊聊宋王朝的开局吧！新国家建立后，宋太祖赵匡胤进行了一系列改革，首先改革了漕运，开凿漕运四渠，推动了农业、手工业和商业的发展，繁荣了农村经济和城市市场，为宋代经济的进一步发展打下了坚实的基础。同时，赵匡胤改革了法制，使国民在相对宽松的社会环境下生活，从而提高了人们从事各行各业的热情，为经济持续繁荣提供了保障。

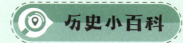

历史小百科

三弓床弩模型

宋朝的兵器有多强？

　　北宋可以说是冷兵器与热兵器的分水岭。北宋之前，冷兵器占主导；北宋之后，热兵器如喷火枪、火铳、火炮等，在战场上开始发挥威力。北宋时兵器种类和样式繁多，如专门用来攻城的三弓床弩、震天雷。其中，三弓床弩射程可达1500米，可以将两米长的巨箭钉入城墙内，形成一道云梯，供士兵攀爬。

《折杖法》使用的法杖是什么样子？

　　《折杖法》是《宋刑统》中的重要内容。它将自商朝起实行的流、徒、杖、笞等刑罚，全部折算成相应的脊杖或臀杖数，减轻了刑罚的强度。宋朝初期，对于法杖的规格没有明确要求，官员对待没有关系或者没有行贿的犯人，采用宽重的木板；对待行贿或有关系的犯人，则用窄轻的木板。后来为公平起见，便统一了法杖的规格：木杖长三尺五寸，宽不超过两寸，厚九分以内。

第二节

宋朝初年的"建隆之治"

　　宋朝建立初期，宋太祖赵匡胤通过一系列政策使国内基本稳定后，决定实行休养生息的政策，以弥补国家因连年征战造成的经济疲弱，同时让百姓摆脱战乱的困苦。宋太祖下决心发展农业，改善民生。黄河水患是影响北宋农业发展的一个难题，宋太祖大力治理水患，下令沿岸修堤筑坝。他鼓励百姓种桑养蚕，提高家庭收入；鼓励开垦荒地，开垦出的新地归垦荒者所有，对这些新地只征收常规土地一半的赋税；鼓励城市居民从商，提高商人待遇；鼓励百姓"多积金帛田宅"。960—963 年，在宋太祖的领导下，经过三年的治理，各行各业都呈现出欣欣向荣的局面，创造了自唐开元盛世后又一盛世，史称"建隆之治"。

博物馆小剧场　　一个农民的生活改变

1 我们这里多是山冈高地，高地要是种粮，每亩收成还不到一石粮。州府让我们在平整的地方种粮食，高冈的地方用来种桑树。这样土地就都充分利用上了！

2 明年我准备把南面那片高冈地也开垦出来栽种桑树，国家规定了，新开垦出来的地归个人，而且交税少，只有其他地的一半。这就看谁足够勤快了，只要把地开垦出来，不管种啥都是占便宜的好事。

3 邻居昨天问我荒地开完怎么浇水。嘿嘿，这家伙竟然没关注新政策。我听一衙门里的亲戚说，国家正在治理黄河，估计用不了多久就治理到我们州府了。有了黄河水，还有什么荒地不能变成良田呀？

4 今天一个商人来我们村子了。嗬，现在的商人可真牛气，穿的衣服和考功名的士子们一样。要在前朝，可是没谁瞧得起商人的。他是来跟我们预定明年的桑叶的，这下我们种桑树的干劲儿更足了。

宋太祖赵匡胤通过实施一系列助农、惠农的政策，大大提高了农民的积极性，不仅使得全国土地得到广泛的开发，还增加了农民的收入。农民生活有了保障，社会自然安定。宋朝廷支持商业的政策扩大了货币在城市与城市、城市与乡村间的流通，促进了经济发展，使得国库日益丰盈。总体来说，赵匡胤的政策极大地稳定了之前动荡不安的局势，让国家的经济有了一个良好的开始。

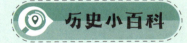

历史小百科

宋朝时普通农民的年收入是多少？

宋朝时，农民分五等：一、二、三等为地主，四等为自耕农，五等为半自耕农。其中自耕农是普通农民。一个自耕农家庭约有 30 亩地，按每亩产 2 石米计算，每石米价值 1 贯钱。刨除成本、税收，一年总收入约为 45 贯，大约相当于今天的 4 万元人民币，在历朝历代来说算很高了。

宋时一石米相当于现在多重？

"石"作为计量单位，最早是从秦朝开始的。当时人们利用杠杆原理，用分割的石头来称量物体的重量，因此产生了"石"这个单位，最初读作"石头"的"石"。在宋朝，1 石折合 92.5 宋斤，1 宋斤约为 640 克，所以 1 石米相当于现在的 59 千克左右。由于一石的重量正好可以"一担子"挑走，从而改发音为"担"。

第三节

宋太祖杯酒释兵权

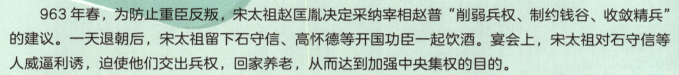
963年春，为防止重臣反叛，宋太祖赵匡胤决定采纳宰相赵普"削弱兵权、制约钱谷、收敛精兵"的建议。一天退朝后，宋太祖留下石守信、高怀德等开国功臣一起饮酒。宴会上，宋太祖对石守信等人威逼利诱，迫使他们交出兵权，回家养老，从而达到加强中央集权的目的。

没收重臣兵权后，为进一步加强中央集权，宋太祖增设了参知政事、枢密使、三司使，以分割宰相的权力。为防止地方州府武将跋扈、拥兵割据，宋太祖一方面提出不杀士大夫、修复孔庙、开辟儒馆、改革科举制度等方针，提高文人的社会地位，另一方面采取"更戍法"和"内外相维"等一系列政策削弱武将的权力。

博物馆小剧场　文武势力的颠覆

1 呀！石守信将军竟然来我们店了。听说皇上用一顿酒宴的工夫，就解除了石将军他们的兵权。真替这些曾经为皇上卖命的将军不值。石将军说要回家养老了，我得多准备点好酒才行！

2 宰相大人也来了，还带了几个我不认识的人，店主亲自去招待了。店主回来说，另外几人有一个是枢密使，和宰相一起管军政大事的；还有一个是三司使，管国家的经济财政大事。这以前不都是宰相一个人管的吗？

3 那边有个举子竟然喝多了！旁边的人都恭喜他马上要到崇政殿，参加皇上亲自主持的殿试了。皇上亲自选拔人才啊，这回再也没有人能作弊了，是金子就一定有机会发光。

4 有一桌的几个士兵竟然和一名将领争执了起来，快动手了。幸亏有人及时出面，澄清了这场误会。敢情这些士兵是刚从外郡调来的，还不太熟悉自己的将领。这么一整，士兵还愿意为将领卖命吗？

宋太祖赵匡胤依据宰相赵普的建议，先后消灭了荆南、武平、后蜀、南汉及南唐等南方割据政权，实现了全国大部分地区的统一。宋朝建立之初，赵匡胤明确了"重文轻武"的治国理念，剥夺、分化武将的权力的同时，提升士人的社会地位，增加他们出仕的机会，为国家培养了不少优秀的管理人才。然而，"更戍法"也降低了军队的凝聚力，为日后宋军的疲弱埋下了隐患。

历史小百科

宋代官帽的由来

传说，有一次上早朝，赵匡胤在听取某个大臣奏事时，发现有不少官员在窃窃私语。赵匡胤心中恼火，退朝后便下令所有官员在幞（fú）头纱帽的后侧左右两端加上长翅。长翅用铁片、竹篾做骨架，帽子两边的长翅各露出一尺多。戴上这种帽子，官员们并排交谈就会碰到对方，很不方便，这样一来，朝堂上再也没有人交头接耳了。

宋朝时的科举考试内容

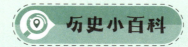

在宋朝，科举考试主要考经义、注疏、史书、诗词、文赋、理算和政事，翻译成现在的学科说法就是儒家经典理解、儒家经典注释理解、历史、诗词、散文与议论文、数学和政治。北宋初期，各州府平均每年参加乡试的考生约有 1000 人，而州府给的参加省试的名额为 60 人左右，所以竞争非常激烈。

第四节

先南后北的统一战争

　　平定李重进和李筠的叛乱后，宋太祖赵匡胤将去除十国的残余势力和收复被后晋割让给辽的幽云十六州提上了议程。宰相赵普提议，首先收复经济基础稳定的南方诸国，以此带动宋朝经济，再攻打经济欠发达且有辽军后援的北汉。确定了"先南后北"的战略方针后，961年，宋太祖派心腹分别镇守北方和西北边境，以防辽国趁机入侵，并给予边将经济特权，以稳定边防。同时设立"封桩库"储积钱帛，为北伐做准备。963年，宋太祖率兵先灭荆南、武平。964年，进攻后蜀，次年，后蜀灭亡。971年，平定南汉。975年，灭南唐。自968年起，宋太祖先后三次征讨北汉，但均未能成功。在第三次北伐期间，宋太祖驾崩，没有实现全国的完全统一。

博物馆小剧场　　先南后北的收复之路

1 终于要出兵北伐了！我们神卫营的士兵早就等不及了。听我们营指挥使说，皇上为攻打北汉、收复幽云十六州，专门设立了封桩库，积攒资金。目前积累的财富足够发动两次北伐了。

2 将士们士气高涨，因为我们南下攻打荆南、武平、后蜀都没费啥劲儿。只是在南唐遇到点麻烦，打了整一年。南唐李后主向我们称臣了，可按皇上的说法"卧榻之侧岂容他人鼾睡"，所以消灭南唐是早晚的事。

3 宰相大人定的先南后北的策略可真好！收复南方诸国这些年，皇上在南方推动种植"两季稻"，还推广栽种桑树，大搞纺织业。如今我们将士是吃穿不缺，就等北伐的号令了。

4 新政策给了边将做边贸生意的权力，边将用挣得的钱在辽国买到不少军事情报。听说辽国早已做好支援北汉的准备了。好吧！狭路相逢勇者胜，现在我们宋军兵强马壮，必胜！

　　建国后，宋太祖赵匡胤决定消灭十国残余势力和收复幽云十六州，并为此做了大量准备。他与谋臣议定对策，大规模增加军备，赋予边疆大将财政权力以稳定边境。在占领南方诸国后，他大力发展农业，鼓励各种商业活动，形成了"建隆之治"的繁荣局面。这些为发动北伐战争奠定了政治、经济和军事基础。虽然北伐失败了，但这些变革的确为北宋的发展带来了实惠。

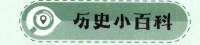

历史小百科

宋太祖挥玉斧的传说

　　相传，宋将王全斌在收复后蜀后，想一鼓作气占领越嶲（xī）。由于越嶲自古以来并不属于中原王朝，赵匡胤担心师出无名，留下千古骂名。于是，他在地图上用玉斧划定了大渡河的区域，对王全斌说："自此以外朕不取！"明确把越嶲划入征服范围。据说，玉斧划界以后，大渡河的水位忽然下降几十丈，水流也变得湍急，无法通航了。如今在大渡河畔还有"划玉亭"，印证着这个传说。

后蜀《广政石经》

　　后蜀广政元年（938年），在蜀相毋昭裔的倡议下，后蜀开始将《孝经》《论语》《尔雅》《周易》《尚书》《周礼》《毛诗》《礼记》《仪礼》《左传》连同注文，一并雕刻到石头上。该石经一直到北宋皇祐元年（1049年）才完成主体石刻。南宋徽宗宣和六年（1124年），又补刻了《孟子》。这部石经被称为《广政石经》，也称《后蜀石经》。目前已发现的《广政石经》残石共6块，其中5块为后蜀时期的，1块为南宋时期的。

第五节

宋太宗的对内改革：
经济与政治

文物档案

名　称：宋代嵌螺钿经箱
出土地：苏州市瑞光寺塔
特　点：箱身四周镶嵌着石榴、牡丹等花卉
图案，寓意"子孙满堂"。
收　藏：苏州博物馆

　　976年，宋军攻打北汉时，宋太祖赵匡胤突然驾崩。根据"金匮之盟"的约定，由宋太祖的弟弟赵匡义（后改名赵光义，即位后又改名赵炅）继承皇位，他就是宋太宗。

　　宋太宗赵炅即位后，大部分国家政策沿袭宋太祖时期的治国方针，但在一些方面做了调整。相比宋太祖，宋太宗实施了更加宽松的惠民政策，规定"所垦田即为永业，官不取其租"。他还广开言路，将左右司谏改为左右正言；改革"登闻鼓"制度，亲自审理登闻鼓案件，并严惩贪官；继续推行"仁政"，禁用酷刑，并派遣使者到各州体察民情。

博物馆小剧场　北宋人的新生活

1 今天我和兄长终于把这块荒地开垦出来了。官府公布的新政里说，谁家开垦出来的荒地就永远是谁家的，还不征税。为自己干活，再辛苦也值得啊。你看，村子里的人比任何时候都勤快！

2 我们兄弟俩正盘算这块地今年种啥的时候，县令的侄子非说这块地是他的。我们去县衙告状，县令包庇侄子，不仅打了我俩各五十大板，还把我兄长关进了大牢。我要去开封府敲登闻鼓告御状，让皇上为我们做主。

3 县令和他的亲戚横行乡里做了很多坏事，还有他们罔顾减轻刑罚的法令，私自对我们兄弟用刑的事，我都向皇上说了。皇上对于这种带头违法乱纪的官员深恶痛绝，下令严惩县令一族。

4 我兄长当即被释放了。皇上说我有勇气，有干劲，让我和兄长趁年轻抓紧读书，然后参加科举考试，将来有机会更好地报效朝廷。皇上真的是一语惊醒梦中人，我一定要不负所望才行！

宋太宗赵炅继位后，鼓励农民垦荒，进一步扩大农田面积，进而增加粮食储备；改革谏言体系，提升执政能力；实行"登闻鼓"制度，防范地方官员徇私舞弊。通过一系列措施，促进了宋朝经济的发展，维护了宋朝社会的稳定，同时也为攻打北汉奠定了坚实的基础。不得不说，作为武将出身的皇帝，赵炅的执政开篇表现确实值得称道。

历史小百科

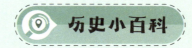

金匮之盟

赵匡胤称帝不久，他的母亲杜太后病重，临终时问赵匡胤："你知道你是如何成为皇帝的吗？"赵匡胤回答："是因为祖先的保佑和将士的拥护。"杜太后说："错了，是因为后周的皇帝年幼，你才获得了机会。"杜太后要求赵匡胤百年后，将皇位传给有治国经验的弟弟赵匡义。赵匡胤不得不遵从母亲的意愿，命赵普起草了相关事宜，并约定封存在柜子里。

不穿龙袍的宋朝皇帝

宋朝一直实行重文轻武的政策，为了表示对文臣的重视和谦卑的态度，皇帝的服饰跟官员差不多，并没有特制。北宋前期，宋朝官服按等级分成不同颜色：三品及以上穿紫服，五品及以上穿朱服，七品及以上穿绿服，九品及以上穿青服。皇帝穿的是朱服，但其颜色比臣子的朱服颜色更为鲜艳。（宋神宗元丰改制后，官服的规定有所调整。）

第五节

宋太宗的对内改革：
文化与科举

　　宋太宗赵炅虽生于武将之家，却自幼喜欢读书，是典型的文人皇帝。宋太宗成为皇帝后，命人在全国范围内搜集古籍，并建造了崇文院，专门收藏这些书籍。在宋太宗的统治下，宋朝官方藏书达到了最高峰。他还挑选有学识的士大夫，用十余年时间整理、汇总天文、科技、文化等书籍，并重新编撰了《太平御览》《文苑英华》《太平广记》等重要文献。宋太宗还鼓励百姓读书，使读书之风盛行。

　　在人才选拔方面，宋太宗改革了科举制度，实行锁院制以防范科举作弊，同时扩大了科举录用名额，使出仕的人数比宋太祖时增加了近二百人。宋太宗尊崇儒学，重视教育，督促建立了国子监，并且三次亲临国子监慰问师生。

博物馆小剧场　　**国子监老师的一天**

1 我是太平兴国四年（979 年）的进士，那一年乡试录取名额增加，我们县中举的人数比往年多了许多。国子监建成后，我被调来当教授监生的老师，十年寒窗苦读终于有了用武之地。

2 上午，我给监生讲授了我擅长的《易经》。皇上非常注重儒家思想，两次来到我们这里，特别强调监生们要熟读"四书""五经"。因此，我备课和讲课时都格外用心。

3 我们的皇上别看是武将出身，却特别爱看书，还下令在全国范围内搜集和整理各类典籍。为了更好地存放这些典籍，专门建造了崇文院。现在，崇文院的藏书数量史无前例地多。

4 监生们不在，我可以安心编撰《太平御览》了。这是皇上交给我们国子监的重要任务，我负责整理天文部分的内容。尽管资料混乱又繁杂，整理起来十分棘手，但一想到皇上会第一个阅读，我的干劲儿立刻十足了！

对于赵炅这位文人气质的皇帝，你有什么评价？整体来说，赵炅即位后，宋朝的文化事业迎来了大发展。他以读书人的形象示人，推动了社会上读书、求学的风气，进一步巩固了崇文抑武的治国理念，并为人才的选拔和晋升做好了铺垫。通过这一系列文化改革和制度建设，北宋时期涌现出一批有真才实学的人，极大地推动了社会的进步与发展。

历史小百科

锁院制度

宋太宗时期，有学子告发乡试存在不公平的问题。第二年，开封地区的省试中，主考官苏易简预感这次考试皇上可能会过问。为了杜绝有人干扰考场，考试当天，苏易简命人把贡院的几道门都锁上了，结果连微服私访的宋太宗也没能进入考场。宋太宗觉得这个办法很不错，此后的省试（贡院试）干脆就采用了锁院制度。

中国最早的书市

在宋朝之前，市面上没有专门的书市，书籍多为手抄本。随着雕版印刷的推广，书籍逐步变得普及。在汴京大相国寺东门大街上，出现了最早的图书市场。每日，前来逛书市的学子与各地书商络绎不绝，购买书籍、笔墨纸砚，热闹非常。

第六节

结束藩镇割据

　　978年，养精蓄锐三年的宋太宗深知统一事业尚未完成，南方有吴越，北方有北汉割据政权未被消灭。吴越是江南的一个小国，宋太宗对吴越国主钱俶施压。最终，钱俶放弃了王位，臣服于宋。979年，宋太宗采用"围城打援"的策略，先驱逐了辽援军，再着手攻打北汉都城太原。不久，太原城破，北汉灭亡。在准备北伐期间，宋太宗下令取消了节度使对支郡军队的统领权，将所有州军直隶于中央，以进一步加强中央集权。收复北汉后，为了防止辽军侵扰和报复，宋太宗实施了一系列边防政策：首先收回了边将的"回图贸易权"，即财权；其次，边军犯错由朝廷特使监军裁决，剥夺了边将对下属的执法权；最后，下令修筑了水上长城，以防范辽军。

博物馆小剧场　守边老兵的心声

1 我是皇上从厢军抽调到禁军的，收复北汉后，皇上继续北征辽国，结果以失败告终。我本以为可以回家了，却被告知部队不再归州府管辖，而是直接听命于枢密院，我们要继续负责守边。

2 前些年，当边军的日子还不错，主将带领我们与边民、辽民进行贸易，我们吃得饱、住得暖。可是，现在京城派来的监军不让我们与边民交易了。主将没了闲钱，我们抓住奸细啥的也没有赏钱了。

3 现在的日子很苦，我们偷辽民的羊用铁釜炖着吃，还不顾军纪喝了酒。虽然被主将巡营看到了，但我们不怕，因为主将如今只能制止我们，不能惩罚我们。只有监军有权处罚我们。

4 主将不讲情面，把我们押到了监军那里。我们被罚挖水渠，这水渠是"水上长城"的一部分，说是为了防御辽军。这水渠虽管用，但当我们再征辽的时候，它会不会对我们也造成阻碍呢？

　　宋太宗为了证明自己的能力，在刚收复北汉不久，便发动了征辽战争，结果先后两次都以失败告终，宋军损失兵将 30 余万人。自此，宋与辽的对峙局面从进攻转为防守，这也为宋朝"积贫积弱"局面的形成埋下了伏笔。不过，尽管宋太宗的军事行动没有彻底实现国家的统一，但相较于宋太祖赵匡胤时期，统一事业还是有很大进展的。

历史小百科

宋军士兵的月收入

　　宋兵的月俸是根据等级分配的。据史料记载，宋朝上等兵月俸 1 贯，中等兵 700 文，下等兵 500 文，最低等的杂役每月只能领酱菜或盐作为补给。除了俸禄外，士兵的衣食用全部由军营负责，新兵还可以领 10 贯钱的招募费。如果家里有人参军，种地或经商时可以享受减税待遇。总的来说，宋军的待遇相当不错。

宋军战时的伙食

　　宋军战时的伙食主要以干粮为主，常见的有胡饼、麻饼、锅盔。此外，还会发放茶和咸菜。军中还有一种叫作醋布的食物，吃饭时可以用小刀割下一小块醋布投入釜中煮，便能得到醋汁，相当于现代的醋包。军队会定期发放肉干，打了胜仗还会给酒钱，让士兵改善伙食。

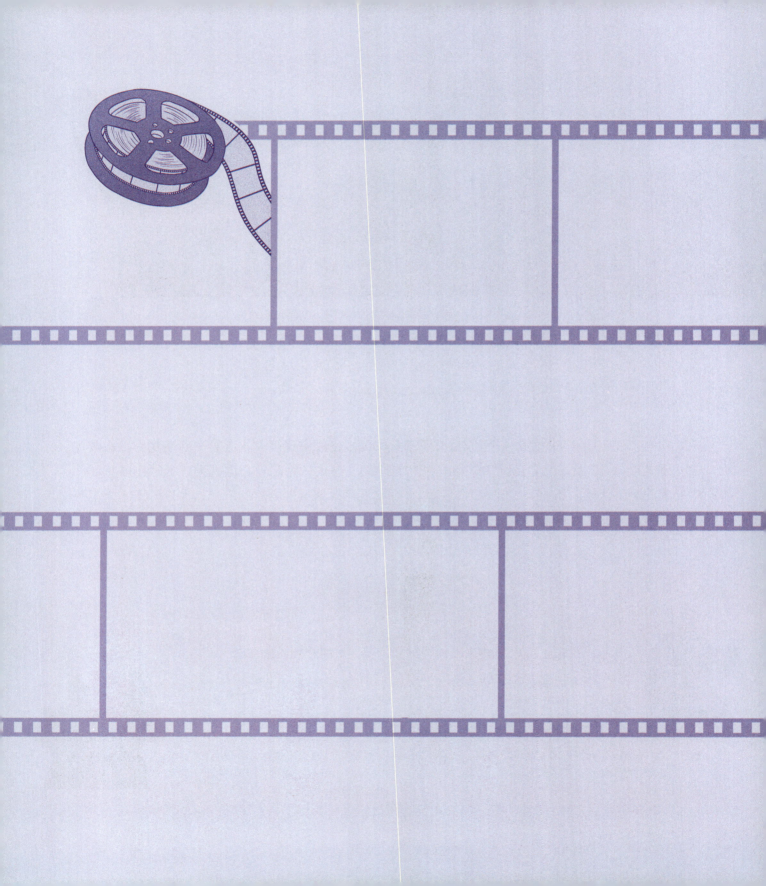

第二章

北宋周边国家的崛起

第一节

耶律阿保机建辽

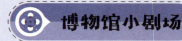

契丹族原是北方草原西辽河下游区域的游牧民族，后逐渐壮大。唐朝末年，战乱四起。903年，契丹族耶律氏部落的首领耶律阿保机趁势领兵，向北攻打女真部落，向南攻取唐朝的河东、怀远军。由于俘获牲畜、俘虏无数，耶律阿保机被推选为契丹族的大首领。916年，耶律阿保机称帝，建立契丹国，都城设在临潢府。947年，契丹国改称大辽，耶律阿保机就是辽太祖。耶律阿保机称帝后，首先统一了契丹各部落，驱赶了突厥，又征服了乌东，占领渤了海国，使辽国疆域不断扩张。他对辽国实施因俗而治的"两院制"政策，即"官分南北，以国制治契丹，以汉制待汉人"，同时撰写了契丹最早的法典《决狱法》，用于对契丹族的管理。他仿唐长安建上京临潢府，积极创制契丹文，并发展经济、农业、商业等。

博物馆小剧场　辽国牧民的生活变化

1 阿保机是我们部落的英雄，他不仅打败了长期欺负我们的突厥人，将我们被抢走的无数牛羊都带回来了，还把所有的契丹部落都统一了起来。现在，我们是大辽国的子民了！看谁敢随意欺负我们！

2 听我一个做官的朋友说，他们上朝的时候，大臣分左右两列，一列是汉臣，专门负责南面汉人的事务；另一列契丹大臣，负责我们北边牧区的事宜。这办法可真好，我们和汉人可以互不干扰地生活了。

3 我昨天进城办事，在都城临潢府附近逛了一圈，看到很多人在干活。朋友说临潢府在模仿唐朝的长安城建造城市。想必汉人的建筑一定很有特色，要不然为什么连皇上都要向它学习呢？

4 今天，管理我们牧区的官员说，从今往后，我们的孩子只要到了年龄，就要去上学，不分男孩女孩。我们现在有了自己的文字——契丹文，学习、交流起来比以前不知道方便了多少倍。

　　耶律阿保机通过外部扩张，成功登上了部落首领之位。之后，他通过一系列改革，将契丹民族迅速从原始氏族部落带入了封建王朝。他主持创建了契丹文，提高了契丹人的文明程度；颁布《决狱法》，使契丹族的管理更趋规范；开创了辽代特有的"因俗而治"制度，为多民族治理提供了宝贵经验，同时对后世历朝中华民族大融合有着促进意义。

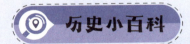
历史小百科

耶律阿保机一箭定都城

　　相传，耶律阿保机建国后，面临确定都城位置的问题。他很想把都城设立在自己的家乡，但又担心大臣和部落首领会反对。于是，他召集了大臣和部落首领，提议由天意决定都城的位置。他声称自己将骑马蒙着眼射箭，而金箭落下的方向就是都城的方向。然后，耶律阿保机跨鞍上马，飞驰中搭弓射箭，结果金箭落在了他的家乡——西楼邑的方向。

仍有存世的契丹文

　　1922年，比利时神父梅岭蕊（汉名）在瓦林忙哈（今内蒙古赤峰市巴林右旗峡谷）的辽庆陵中发掘出《辽兴宗皇帝哀册》《仁懿皇后哀册》，为汉字与契丹文对照的文献，共四册。其中，契丹文线条优美，与汉字极为相似，充分表现了中国古代汉族文化对少数民族的影响。

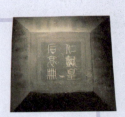

仁懿皇后汉文哀册盖

第二节

李元昊建西夏

文物档案

名　称：夏国剑
出土地：银川市西夏陵区 6 号陵
特　点：用西夏独有的熔锻淬火技术打造。
收　藏：宁夏博物馆

　　1032 年，出身党项贵族的李元昊继承了辽国册封的西夏王位。看着辽阔的土地和精锐的雄兵，李元昊不甘心只做地方王，对吐蕃发起了进攻，先后占领了吐蕃重镇猫牛城和肃州。1038 年，李元昊见时机成熟，在兴庆府称帝，建立大夏国。在正式称帝前，李元昊积极推行去汉化和去辽化的政策，废除了唐宋时期的赐姓，改姓"嵬（wéi）名氏"。称帝后，他下达了"秃发令"；规范了党项人的衣着；仿效宋朝官员的建制；主持创造了西夏文；建立了夏、汉学院，创立了番学。此外，李元昊还成立了"擒生军"和"宿卫军"，以加强军事力量。李元昊致力于加强与宋朝的经济往来，设立群牧司管辖全国牧业，设农田司专管农业，并修筑了"昊皇渠"，使兴庆府周边的农业得到了长足发展。

博物馆小剧场　西夏的生活变化

1 上个月，我正式成为夏学院的学员。这个学院可不是谁都能上的，只有贵族和功臣的子弟才能进入。我父亲跟着皇上南征北战，立了不少战功，现在是"宿卫军"的首领，所以我才有资格进来学习。

2 我们最先学习的，就是我们自己的文字——西夏文。听说皇上亲自参与和主持了西夏文的创造，目的就是让我们从文化意识上彻底摆脱宋、辽的束缚。我必须好好学习才行。

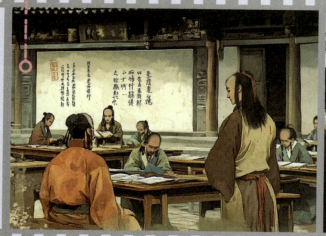

3 今天我去集市买粮食，听管家说粮食价格降了不少。之前最抢手的商品是各地商人带来的粮食，价格很高。自从皇上下令开凿了水渠，把黄河水引到都城周围灌溉农田后，粮食供应充足，价格自然降低了。

4 管家又带我到榷场买马。榷场里饲养的党项马最抢手。群牧司指导牧民养马、繁育良种，使党项马越来越高大、强壮。不仅有钱人来这里买马，军队的战马也多出自这里！

　　李元昊建立了大夏国，他的治国理念是军事上"联辽抗宋"，经济上"依宋疏辽"。通过一系列措施，他将西夏从氏族社会带入封建社会，并与宋、辽形成了稳固的三足鼎立态势。然而，在打败北宋之后，李元昊开始沉迷于酒色，并好大喜功，导致王室内部纷争不断，为西夏的灭亡埋下了隐患。最终，西夏在历经 10 个皇帝的统治共 189 年后，被蒙古所灭。

历史小百科

西夏的铁剑甲天下

　　西夏有着高超的熔锻淬火兵器制造技术，当时有种说法"契丹鞍，夏国剑，高丽秘色，甲天下"，可见西夏熔锻淬火技术之强。苏轼的学生晁补之在诗中写道："红妆拥坐花照酒，青萍拔鞘堂生风。螺旋铓锷波起脊，白蛟双挟三苍龙。试人一缕立褫魄，戏客三招森动容……"其中，"青萍"就是指西夏剑。

西夏黑水城的宝藏

　　黑水城位于内蒙古自治区，是目前已知唯一的党项人城池遗址。1909—1926 年间，俄国上校科兹洛夫以考察野生动物为名，贿赂蒙古王爷，疯狂盗取了黑水城遗址中的大量宝藏，包括金银珠宝、西夏文献、佛像、波斯与伊斯兰文经文、绘画等。

第三节

女真族的崛起

文物档案

名　称：金国铜坐龙

出土地：哈尔滨市阿城区会宁府遗址

特　点：金国宫廷马车上的装饰物，遇风能发出哨音。

收　藏：黑龙江省博物馆

女真族主要生活在东北地区，其中完颜部落联盟实力最强。1113年，完颜阿骨打成为部落联盟的首领，逐渐统一周边的女真部落，扩充了实力。1114年，因不满辽国对女真部落的剥削，阿骨打率军多次大败辽军，并攻占了宾州、咸州等地。1115年，阿骨打称帝，国号大金，定都会宁府，他就是金太祖。阿骨打建立国家后，积极吸收汉文化，帮助金国更快融入汉文化体系；在原有氏族制度的基础上对猛安谋克组织进行改革，使各部落实现军事、生产、行政三位一体；在中央建立"勃极烈制"，由女真宗族大奴隶主贵族联合执政；接纳躲避兵乱的流民，宽待辽国降官；注重农业发展，并安排将士在台州屯田，开创了军队亦兵亦农的先河；命人以契丹文为基础，创制了女真文，加快了女真部落的社会进程。

博物馆小剧场　　阿骨打的建国之路

1 辽国天祚帝太欺负人了，我们每年都纳贡了，他还派人抢我们的牛马，真是忍无可忍。我带领完颜部的勇士们收服了其他女真族部落。我们女真族联合起来，就不信斗不过天祚帝。

2 和辽军对抗，兵力是首要问题。我和大臣们想出个好主意：把几个部落合成一个军事机构——谋克，十个谋克再组建一个猛安。平时大家正常生产，战时能打仗的就全上战场。

3 兵员问题解决了，粮草也是个大问题。我们女真族之前是渔猎民族，只会放牧、打猎，种田完全不擅长啊！关键时刻，汉人谋士建议我，可以让因战乱逃难来的宋人教授大家种田。这个主意太好了！

4 兵员和粮草问题解决了，但要建立一个强大的国家仅凭这些还不行，得靠文化才能治国。所以我要创制女真文字，培养出自己民族的文化人才，以后才不会受制于人。

完颜阿骨打从一个部落联盟的首领到金国的开国皇帝，与他采取的一系列对内对外政策分不开。他联合周边的女真各部落共同抗击辽国，实现了女真族的大部分统一。金国壮大后，又联合大宋消灭了强大的辽国。然而，金国后期因欺压北方少数民族，引发了蒙古、塔塔儿等部落的反抗。最终，金国被蒙古可汗窝阔台联合大宋所灭，建国仅119年。

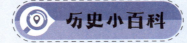

历史小百科

完颜阿骨打过龙桥，渡混同江

传说，完颜阿骨打攻打辽国时，有一次需要渡过混同江。当他的军队来到江边时，却发现江上一条渡船也没有。时值八月，正是混同江水位最高时，渡江难度极大。完颜阿骨打鼓励将士们说："大家跟着我渡水。"说完，他骑着白马走在前面，将士们紧随其后。众人低头看时，却惊奇地发现，江里正有条巨龙浮在水中作桥，助他们过江。

金国与清朝的关系

金国与后来的清朝都是由女真族建立的，因此有着一脉相承的关系。只不过在辽国管辖时期，女真族按属不属辽民分生女真（不属）和熟女真（属），完颜阿骨打属于生女真。而到了明朝，女真族按照与中原的距离被划分为建州女真、海西女真和野人女真，建立大清王朝的爱新觉罗氏就属于建州女真。这种族群划分的延续，反映了金国与清朝之间的联系与传承。

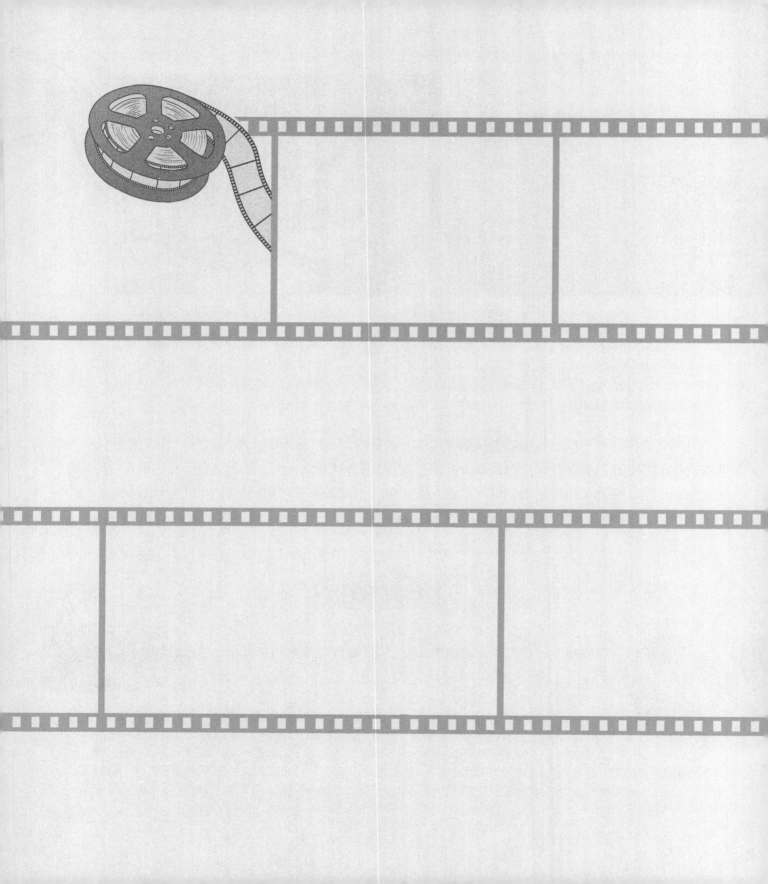

第三章
内外兼治的北宋中期

第一节

宋真宗稳定内政

997 年，宋太宗赵炅去世，其第三子赵恒继位，他就是宋真宗。宋真宗刚登基不久，便积极推进改革。他进一步细化了行政体制，正式确立"路"作为一级行政管理级别，将全国分成 18 个路。各路的长官称作转运使，转运使轮流进京述职。盐铁、户部、度支三部被合并为三司，由三司使统一管理全国的财政。三司使直接受命于皇帝，宰相和枢密使一般不得干预财政事务。宋真宗还完善了台谏制度，规定京城内外的大小官员都可以向皇帝递交奏章，提出谏言和治理国家的建议；以国有土地作为职田颁发给在职地方官，充当特殊津贴；颁布《文武七条》，倡导廉政，严厉惩治贪污受贿行为；实行官员举荐制度，规定各级官员每年必须举荐一定人数的候选人。

博物馆小剧场 一个基层官员的升迁路

1 前两天，我们路的转运使大人告诉我，皇上点名要我和他一起上京述职。一定是皇上注意到我关于农田改造的建议了。现在皇上允许基层官员谏言，如果建议好被采纳，还能升官。所以，我的机会来了！

2 皇上为了细化管理把全国的转运司改成了 18 个路，我们路是从原来的四川转运司分出来的。由于刚成立，皇上对我们路的工作很重视，事无巨细地询问转运使。

3 皇上夸赞我很有想法。下了朝，转运使告诉我，他打算举荐我去三司衙门。三司衙门是由盐铁、户部、度支合并成立的新机构，受皇上直接领导。天呐，我太幸运了！

4 我忽然想到一个为官的同乡，他想升官却不走正路。皇上颁布《文武七条》倡导廉政后，他还敢行贿买官，结果被举报，罢了官。按制度，他和他的子嗣都不能再做官了。要想实现远大抱负，还得靠真本领啊！

　　宋真宗赵恒即位后，采用一系列制度、策略稳定局势。他设立"路"，细化行政区域，使国家政策能及时、广泛地传达；设立三司使，将财政大权集中在一起，最终握在自己手里，加强了皇权，便于施政；提倡廉洁，他执政期间腐败人数为历代最少；广纳贤言，便于改正错误，获取良策。这一系列政策、手段有效稳定了社会局势，减少了阶层矛盾，为后来的咸平之治奠定了坚实的社会基础。

历史小百科

宋真宗泰山封禅

　　在中国古代，帝王去泰山封禅是对其统治业绩的终极肯定。中国历史上共有六位皇帝去泰山进行过封禅，包括秦始皇、汉武帝等，但其中的宋真宗是个例外。宋真宗在执政期间没做出过太大成绩，可是他又想让人民信服他，就想了个"天书降临"的奇特法子，假借仙人之口为自己歌功颂德，并以此功德上泰山封禅，好标榜自己是千古明君。

宋朝官员的鱼袋

　　官员佩戴鱼袋是自唐朝时兴起的，鱼袋中有鱼符，鱼符相当于当时的身份证，上面刻有官员的姓名、职务等信息。到了宋朝，鱼袋被简化了，只有鱼袋没有鱼符。在宋神宗元丰改制之前，三品以上官员佩戴金饰鱼袋，五品以上官员佩戴银饰鱼袋，五品以下官员则没有鱼袋。

第二节

咸平之治

文物档案

名　称：宋代咸平元宝

出土地：广东省"南海一号"宋朝沉船

特　点：咸平年间的主要流通货币。

收　藏：广东海上丝绸之路博物馆

宋真宗赵恒治国初期，严格遵守"祖宗之法"，以温和的性格和善待百官的态度，赢得了大臣们的支持，使得大家愿意为他出谋划策。他首先实施了一系列惠民政策：减税，免除农民欠税；制定"和预买绢"政策（官府在青黄不接时借钱给民户，民户在夏秋收成之后，输绢给官府偿还贷款），以鼓励民户发展家庭纺织；鼓励农民屯田，引进暹罗占城稻优质稻种；重视教育，鼓励民间资本兴建大型学社、书院。宋真宗在位期间，还大力发展制瓷业，创建了景德镇等窑场。瓷器的大量生产促进了海外贸易的发展，有大批西亚与中亚的商人涌入宋朝。他还极力推进铁制工具的制作，重视造纸等手工业发展。在宋真宗执政初期，宋太宗时期国库的亏空得以补充，经济得到发展，史称"咸平之治"。

博物馆小剧场　　北宋百姓的生活日常

1 隔壁邻居几天前还因为欠了赋税愁眉苦脸的，今天竟然兴高采烈的。我一问才知道，原来皇上下达了免除民户欠税的命令，还宣布今年大幅减免赋税。竟然有这好事，皇上万岁啊！

2 单单减免些税还不够，还要提升庄稼的产量，这样才能从根本上改善我们的生活水平。这不，官府又从暹罗引进了新稻种，据说产量是之前稻种的两倍。我得赶紧多买点儿！

3 家里人最近看到市场上有花楼织机售卖，用它织出来的锦花纹特别漂亮。为了增加家里的收入，又考虑到现在官府收购织物的价格不错，我们咬咬牙，拿出所有积蓄又跟亲戚借了点儿，买了一台！

4 今天听裁衣店老板说，州府新成立了一家书院，是一位富商投资建的。书院很大，可以同时供两千多名学子读书。现在，他们要给学生定制一大批青衫，需要我们村家家户户都供应绢布给他们。

　　宋真宗赵恒执政初期，实施了一系列惠农、利农政策，大力发展手工业和纺织业，不断增加百姓收入，提升百姓生活水平。他在位期间，东京城重现了唐朝开元盛世的繁华景象。到 1009 年，宋朝经济达到中国自古以来历代王朝的顶峰，收入是唐朝鼎盛时期的 7 倍，耕地达 5.2 亿亩，人均财富比宋初时增长了 3 倍。可以说，咸平至景德年间，宋朝呈现出繁华、富足、文明的大好局面。

历史小百科

宋锦首饰盒

铜钱外圆内方的设计用意

　　从秦朝起至清朝末年，铜钱一直是中孔方正、外圈正圆的设计形制。有人说，这种设计可体现"天圆地方"的道家思想。其实，铜钱外圆内方的设计主要是为了制造和使用更便利。古时采用熔铜浇铸技术制造铜钱，外缘有毛刺易刮到使用者，适宜打磨圆滑，而中间的方孔可以用来把铜钱串起来，携带方便。

影响远播的宋锦

　　宋朝时，织锦工艺得到了进一步发展，出现采用面经与底经两重织造的工艺，生产出质地坚且柔、可反复清洗的宋锦。宋锦被广泛应用于服装、家纺、工艺品、书画装裱等众多领域，逐渐成为历代锦的代名词。2006 年，宋锦被列入第一批国家级非物质文化遗产名录。2009 年，宋锦被联合国教科文组织列入《人类非物质文化遗产代表作名录》。

第三节

宋真宗御驾亲征

　　986年，宋太宗赵炅对辽发起的"雍熙之战"惨遭失败，导致宋辽军事对峙态势发生了显著变化，宋朝从主动进攻转为被动防守。999年，辽圣宗耶律隆绪亲率大军南下犯宋，宋真宗派傅潜担任三关行营都部署统帅，调二十万大军支援边防。辽圣宗攻打边城保州，遭到宋将田绍斌、石普的阻击，随即转向威虏军城。威虏军城守将杨延昭坚守城池，辽军久攻不克。辽圣宗于是改变策略，绕开城池，深入宋朝境内。1000年，宋真宗在众臣提议下御驾亲征，欲与傅潜两面夹击一举击败辽军。不料，傅潜采取了"避其锐气，击其怠惰"的消极作战方针，错失战机，致使宋军初期受挫。宋真宗用李继隆、高琼等接替傅潜，又从西部调军增援，才使战局有所扭转。这一年的年底，辽圣宗主动撤出宋境。

博物馆小剧场　　威虏军城解围记

1 威虏军城已经被围困快一个月了，我们仍在顽强抵抗辽军。谁知辽国大军忽然撤走了，根据情报，原来是辽军改变策略，绕过我们这座有重兵防守的城池，转而向内陆进攻了。

2 留下的几万辽军继续围困着我们。很多守城的士兵士气低落，但我对突围仍抱有信心。我们的主将杨延昭是赫赫有名的杨家将，多次对抗辽军都取得胜利。这次也一定会带领我们走出绝境。

3 只是我们的粮草快用完了。杨将军多次派人突围请求三关主帅傅潜支援，可他迟迟不派大军来解围，理由是"避其锐气，击其怠惰"。真希望皇上能早点儿派一位得力的将军前来！

4 从西部边境长途跋涉赶来的镇西军帮我们解了围，他们按照皇上的指令，依照布阵图的规划来支援我们了。听说皇上亲自到大名府督战，辽军见形势不妙，主动退兵了。我军还收复了不少失地。

　　宋真宗赵恒御驾亲征，表明了他敢于直面辽国入侵的决心。尽管因为用人不当而在初期失利，最终还是通过调整用人和及时调兵等手段，取得了一定的胜利。然而，宋真宗的亲征未能给予辽军致命打击，使得辽国在短暂的休整后又发起了更大规模的入侵。宋真宗的战术指挥，也因过度干预导致边将无法灵活应对，从而产生了不利影响。

历史小百科

杨延昭智退辽军

　　杨延昭是北宋时期的抗辽名将。传说，杨延昭镇守三关口时，有一天，几千辽军突然来犯，而三关口的守军只有数百人。面对如此困境，杨延昭巧妙地运用了心理战术。他命人买来几十只羊，喂饱后带入城西的树林里，又在树上绑了数十面鼓。待辽军靠近城池时，他指挥将士把羊倒挂在树上，让羊的前蹄抵在鼓面上。羊难受挣扎，前蹄便不停乱动，使得宋营中鼓声震天。辽军以为城内有大军埋伏，就迅速撤军了。

宋朝军队的编制

　　宋朝军队的构成包括禁军、厢兵、乡兵。禁军为中央军，是宋军主力，主要担当"守京师，备戍边"的任务；厢兵是各州常备兵；乡兵为地方民兵，战时也可转为禁军。宋军一般五十人为队，两队为都，五都为营，五营为军，十军为厢。营的主将称指挥使，军与厢的主将称都指挥使。

第四节

宋辽澶渊之盟

文物档案

名　称：北宋景德镇窑青白釉倒流壶

特　点：利用连通器原理，注酒时将壶倒置从底孔注酒，再将壶正置从螭龙嘴倒酒。

收　藏：北京故宫博物院

1004年，辽国太后萧绰与辽圣宗耶律隆绪以收复瓦桥关失地为借口，率领20万大军再次南下，逼近宋城澶州。宋真宗赵恒见辽大军来势汹汹，想要先迁都升州避开辽大军的锋芒，而宰相寇准力排众议，主张迎敌。在寇准及一众贤臣的极力劝说下，宋真宗亲自到澶州城督战，大大鼓舞了守城官兵的士气。此时，恰逢辽国的南京统军使意外战死，萧太后不得已选择议和。1005年，宋辽经过多次谈判，最终达成和议：宋朝每年赠辽岁银10万两、绢20万匹，双方在边境建立榷（què）场开展互市，这一和议被称为"澶渊之盟"。榷场建立后，中原的茶叶、瓷器、药材、香料等源源不断地进入北方各部族，同时辽国的马匹、皮毛、食盐等货物进入中原。辽宋民间交往频繁，边境出现安定和谐的局面。

博物馆小剧场　　　边境上的跨国友谊

1 真没想到，辽军刚被我军打回老家没几年，又卷土重来了。听说辽国萧太后和辽圣宗都来了，还带了20万大军。唉，不管胜负如何，只要打仗，首先遭殃的就是我们这些边境百姓。

2 我们的皇上关键时刻亲自到澶州城督战。将士们的士气一下子高涨起来，没多久就灭了辽国的南京统军使。萧太后只好派使者与我们谈判。我们的和平日子终于要来了！

3 第一次遇到明明打赢了还要赔钱的情况。根据这次的盟约，今后辽国每年都会从边境口岸运走我们大量的银两和布匹！可换个角度想，这些财物可使无数士兵保住生命，唉，也算能勉强接受吧。

4 根据协议，宋辽在我们边境合建了一个非常大的榷场。我从中原拉来中草药、瓷器、纸和布匹与辽国人交换良马、毛皮等。耶律宏光是第一个和我达成交易的辽国人，他很实在，我们成了朋友。

　　《澶渊之盟》是宋朝以胜利者的姿态议和的协议，对宋朝来说虽然具有一定的屈辱性，但它的签订，使得宋朝能够在和平环境下恢复实力，推动经济发展。榷场经济在这一时期得到了完善，为后世边境贸易提供了宝贵的经验。与此同时，这也开创了宋朝用银两买和平的先例，后来的统治者都效仿这种方式解决对外矛盾。澶渊之盟签订后，宋辽迎来百余年的和平。

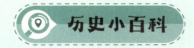

历史小百科

契丹人的后裔如今在哪里？

　　北宋时期，辽国人口曾达到数百万，作为辽国主体的契丹人为什么会湮灭在历史长河中？据史学家推算，辽国被宋金联军所灭后，国民一部分被金国俘虏，一部分进入宋境，慢慢地被女真族与汉族同化；还有一部分迁往西亚，成为今天的土耳其人中的一部分。少数契丹人留在原处，演变成今天的达斡尔族。

什么是倒流壶？

　　倒流壶也被叫作倒灌壶、倒装壶等，出现于唐宋时期。这种壶的设计巧妙，利用了连通器原理，往里面注酒的时候，需要将壶倒置，从底孔注入，然后将壶放正倒酒，也因此得名"倒流壶"。倒流壶的里面可以装多个内胆，然后从一只壶内就可以倒出不同液体。景德镇的青白釉倒流壶在宋元时期更是畅销海内外。

倒流壶原理图

第五节

稳定局势的庆历新政

　　1022年，宋真宗去世，年仅13岁的赵祯继位，他就是宋仁宗。宋仁宗执政时，国家财政受到"三冗"问题的严重困扰：臃肿的官僚体系、庞大的军队人数和高昂的费用支出。财政入不敷出，便增设各种额外赋税，而大地主、官僚又将赋税转到农民身上，使得农民的赋税成倍增长。农民的生活陷入水深火热之中，由此引发了江西等地农民起义。1043年，范仲淹、富弼、欧阳修等在宋仁宗的支持下，拟定了十项改革措施并推行，史称"庆历新政"。庆历新政的主要内容包括：明确官员的提拔、罢黜与推荐，减少公卿与地方官的田地，减少农民的无偿劳役，广施封赏和赦免等。改革初显成效，百姓颇为受益，社会趋向稳定。但由于新政触及贵族公卿的利益，最终于1045年失败，历时一年半。

博物馆小剧场　庆历新政实施始末

1 那天朝堂上争论非常激烈，范仲淹和谏官欧阳修等人提出颁布新法解决"三冗"问题，好几位大臣表示反对。下朝后，我听范大人说，国库都快被掏空了，若有战事，国家将拿不出钱来应战。

2 我也支持实施新政，别的不说，就说公卿、大臣通过放高利贷、低价收购等手段兼并了不少农民土地这一点，就让国家损失了大笔税收。前阵子，江西的农民受不了沉重的负担，都起义了。

3 范大人推出了十条新法，最高兴的莫过于老百姓了。根据新法，那些贪官污吏和无能之人都被清除了，公卿被没收的土地都分给了农民，还减轻了农民的徭役，让他们能专心生产。

4 "精贡举"使不少靠恩荫入仕的贵族子弟失去了官位，"均公田"则使地方官失去了瞒报的田地。他们开始写奏章诋毁范大人。最后，连皇上也不信任我们了。唉，新政被宣布废除了！

　　庆历新政是宋仁宗时期在"三冗"问题非常严重的情况下应运而生的。尽管庆历新政的改革内容和力度都十分有限，在推行过程中也出现了一系列问题，但它在一定程度上缓和了社会矛盾，改善了农民的生活。庆历新政失败后，土地兼并日益严重，冗兵资费进一步增加，阶层矛盾十分尖锐，各地农民又开始了新的斗争。

 历史小百科

什么是虚值大钱？

　　虚值大钱是指那些不足值的大额钱币。在中国古代，每当政治腐败、经济滞后、战争频繁或百姓食不果腹的时候，政府就会用铸造虚值大钱或劣质小钱来搜刮民脂民膏，掠夺社会财富，转嫁政府危机。庆历重宝就是在北宋与西夏战事不断，导致国库紧张的情况下铸造的。最开始一枚庆历重宝可以抵10枚小平钱，后因受到士兵和百姓抵制，改为以一抵三，再后来又改为以一抵二。

宋仁宗谦卑的传说

　　宋仁宗是一位仁厚、谦逊的皇帝。传说，宋仁宗上朝时，大臣们注意到他总是低着头。一天，大臣问皇上为什么低头。只见宋仁宗从帽子里取出一尊玉佛，说道："众爱卿都是天下英豪，每日向朕朝拜，朕觉得有愧，就在帽子里放了一尊佛，想着大家是在拜佛，方才心安。"从这个故事可以看出宋仁宗平易近人且十分谦卑的性格。

第六节

两败俱伤的宋夏战争

文物档案

名　称: 西夏铜火炮

特　点: 长100厘米, 重108.5千克, 是目前已发现的最古老的铜火炮。

收　藏: 甘肃省武威市西夏博物馆

1038年, 李元昊称帝后, 一心想让宋、辽承认大夏国。1040年, 李元昊亲率大军包围宋边城延州。宋仁宗派刘平、石元孙增援, 但援军到达延州三川口时, 遭到西夏军偷袭, 伤亡惨重。1041年, 李元昊再次率十万西夏军南下攻打怀远军。宋边防军枢密使韩琦派任福带兵支援。援军在好水川遭到李元昊伏击, 损失一万多人。次年, 李元昊兵分两路, 一路攻击渭州, 牵制宋边防军主力, 一路攻打关中。宋将王治、葛怀敏率军增援途中陷入西夏军重围, 九千多名士兵阵亡。连续三年征战, 西夏虽然都取得了胜利, 但伤亡惨重, 李元昊迫不得已主动与宋议和, 史称"庆历和议"。宋夏两国约定: 夏向宋称臣, 宋每年赐夏绢13万匹、白银5万两、茶2万斤, 并建榷场, 开放边境贸易。

博物馆小剧场 李元昊攻宋记

1 嘿! 大夏国终于建立了。我父王"依辽和宋"的政策太软弱了, 干吗对两国都称臣? 我们的领土不比他们小多少, 士兵比他们的不知道勇猛多少倍! 不行, 我得让他们见识我大夏国的厉害才行。

2 我派人给宋朝皇帝送信, 让他承认大夏国, 他不但不承认还辱骂我。好, 那我就打到他承认我为止。我耗费了三年的时间, 在三川口、好水川、定川寨与宋军多次交锋, 宋军都败在我的计谋上。

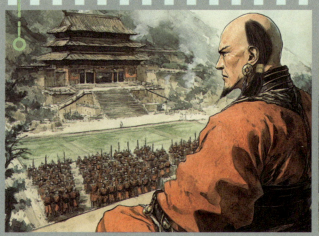

3 打了三年仗，虽然我们每次都取胜，但其实损失也极大。除了兵力匮乏外，百姓也拿不出什么钱支持我了！万一哪天辽国来袭就麻烦了，我得保存点实力。

4 我主动与宋朝签订和议，虽然我依然向它称臣，大夏国没有被正式承认，但我也不吃亏，宋朝每年给我们银两、布匹、茶叶。相对于让百姓过上好日子，名头什么的，没那么重要了。

　　连续 3 年的宋夏战役，宋军都损失惨重，最终以李元昊发起止战和议、宋仁宗妥协才得以结束。庆历和议看起来是北宋又一次以银两换和平，但相对于高昂的军费和人员伤亡来说，它既是权宜之计，也是对宋朝而言最有利的办法。庆历和议给宋夏边境带来长时间的和平，也继辽后为中原对外贸易打开了又一条路径。

🔍 历史小百科

元昊的里应外合

　　在攻打延州前，元昊的目标是金明寨。他先是向镇守西部节度使范雍诈降，表示自己要归顺，使其放松戒备。当时金明寨有士兵 10 万，由守将李士彬统领。元昊在诱降李士彬失败后，又让人假扮成边民诈降。李士彬为人谨慎，觉得事有可疑，想把这些边民迁徙到南方，却遭到范雍的反对。范雍还让李士彬把这些边民编入军中，准备妥当后，元昊出兵攻打金明寨，里应外合，一战全胜。

西夏的铁鹞子军

　　西夏有一支著名的重装甲骑兵——铁鹞（yào）子军，是由西夏在全国范围内招募的勇士组建而成的，后来又发展成世袭制。铁鹞子军穿的盔甲是西夏闻名于世的重装甲"瘊（hóu）子甲"。有人曾用瘊子甲做过实验，据说用强弩都无法射穿，可见其坚固程度很高。

第七节

王安石变法：富国

文物档案

名　　称：北宋京西北路提举保甲司印
出土地：浙江省江山市凤林镇凤三村
特　　点：正方形，"提举"是执行特殊任务的官职名。
收　　藏：江山市博物馆

"庆历新政"失败后，农民起义此起彼伏，宋朝政局出现严重的动荡。1067年，宋英宗赵曙病逝，其长子赵顼（xū）继位，他就是宋神宗。为了稳定政局，宋神宗听取了王安石的意见，实行变法，史称"王安石变法"，又称"熙宁变法"。

1069年，在宋神宗的支持下，王安石与吕惠卿、章惇、曾布等人组成变法派内阁，他们根据农业生产中的各项弊端，先后出台了均输法、青苗法、市易法、方田均税法、农田水利法等富国之法，对社会反映强烈的供粮、高利贷、徭役、地主隐田、兴修农田水利等问题进行大刀阔斧的改革。王安石与同僚们殚精竭虑，亲自过问、监督变法执行情况，使得变法很快便凸显出成效。

博物馆小剧场　变法带来的改变

1 嘿！我大字不识一个也能当官了，官府发文实行"保甲法"，让十户成立一保，我被选为保长。以后，乡里的治安就由各片区的保轮流维护。虽然有点辛苦，但我们不用交更多的税养兵了，经济负担小了呀。

2 巡逻之外，我又接到一个任务：配合州府的官差丈量乡里所有土地。没想到，竟然发现那么多地主有没上报的土地。早该这么整治他们了，他们占着田还不交税，国家得损失多少税银啊！

3 昨天，衙差把官府借给我们春耕的钱送来了。依据"青苗法"，在青黄不接的时候，官府贷款给我们买种子，等到秋天收获的时候用粮食还款。我们再也不用去地主家借高利贷了。

4 春耕开始了，根据"农田水利法"，种田自己开河道、引渠，官府会奖励银两。原本我们种田也要想办法引水开渠，没有奖励也得干，这有奖励岂不是天上掉馅饼的好事吗？

王安石变法中，均输法、青苗法、农田水利法等法规都是针对农业中存在的问题颁布的。这一系列举措在前期大力推进的过程中，确实达到了增加国家税收、保障粮食储备的目的，但变法中后期，各基层执法者弄虚作假、营私舞弊，使变法效果打了折扣，甚至导致"国富民贫"的情况发生。总体来说，王安石变法确实给北宋政局带来改观，社会经济也出现了一定程度的发展。

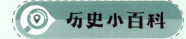 **历史小百科**

中国古代最早的放贷机构

中国古代最早的放贷机构是寺庙。魏晋时期佛教兴盛，大寺庙积累了大量香火钱。寺庙有时拿出香火钱救济灾民，偶尔也会把钱借贷给百姓。久而久之，百姓习惯到寺庙贷款。后来，一些地主、富商也把钱放到寺庙，由寺庙转贷给百姓。地主和富商的贷款利率十分高昂，给百姓增加了很大的负担。而王安石变法中的"青苗法"提出以20%的利率借贷给农民和手工业者，在一定程度上缓解了民间借贷的问题，同时损害了高利贷者的利益。

宋神宗为什么会起用王安石？

宋神宗继位初期，英宗的葬礼和按常规新皇登基恩赐给群臣的赏赐，都因国库空虚或从简或取消。这使宋神宗感受到了国家的贫弱，也让他下定了变法的决心。宋神宗最先找到的是司马光，希望他主持变法。司马光提出上下节用的敷衍办法，并且对朝堂中根深蒂固的官僚派系很忌惮。思来想去，宋神宗决定任用被赶出朝堂、口碑极好的王安石来主持变法。

第七节

王安石变法：强兵

针对国库空虚、百姓赋税严重等问题，王安石采取了一系列富国之策。与此同时，针对"三冗"中的冗兵问题，王安石对宋神宗时期已达百万之众的庞大军队进行了大刀阔斧的改革。改革内容主要包括："裁兵法"，即裁减军队中瘦弱、伤残、纪律松懈的士兵，并规定 50 岁及以上年龄的士兵直接退役；"将兵法"，废除宋太祖时期的"更戍法"，改变兵将互不相识的情况，令边将长期值守边关；"保马法"，从辽、夏购买优良马种，交由牧民有偿放牧，并划定草场，禁止其他人占用草场资源；"军器监法"，设监作司，统管新式武器研发与武器制造，对研发出新式武器的人员给予重奖，严厉惩罚在武器制造过程中的造假者，并实行武器制造监管连坐制度。

博物馆小剧场　边军制度的改变

1 在这边关和士兵们待了三年，早已建立了深厚的兄弟情谊。前几天我还愁，三年轮值结束了，要调去别的地方了。没想到，今天指挥使通知我，"更戍法"废除了，我不用和我的士兵分开了！

2 虽然我不用调走了，但是按新法，战场上受伤落下残疾的士兵得离开军队。不过，他们可以领一笔抚慰金。还有超过 50 岁的老兵也要退役。他们的身体确实不适合继续戍边征战，回家享福也好。

3 今年，我们的士兵全部换了新武器。这批武器是经监作司确认过的。监作司让我们放心，说绝对不会再出现战场上被夏军砍折兵器的事了。明天，我就带着兄弟们去教练场试试新武器！

4 有个老兵没有家人了，不想离开军队。我联系了边城的县令，安排他去养马。新法鼓励牧民养马，县里还给发牧养费。我们周边就有一个牧场，老兵在那边养马，可以随时来看我们，还解决了生计问题。

为了解决冗兵问题，王安石变法改变了宋军屯重兵、保安全的政策，大量裁减残兵和老兵，既节省了军队开支，又提升了军队的战斗力。变法废除了"更戍法"，增强了兵将的凝聚力，同时提高了边将对士兵的指挥能力；监管军马牧养和武器制造，为军队的战斗力提供了基本保障。王安石变法在一定程度上改变了北宋"积贫、积弱"的局面，充实了政府财政，增强了国防力量。

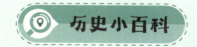

历史小百科

古代武器的"身份证"

中国古代为保证兵器的质量，常实行武器监作制。兵器在打造过程中，在不易磨损的地方，趁金属还未冷却时，会用凿子打上铭文，包括年号、监作部、主管官员名、当值吏员名、工匠名、重量、强度等信息。如果兵器出现问题，器身上涉及的所有人员都要受到相应惩罚。为了防止作弊，铭文的刻制是在监作的监视下完成的。

王安石的晚年生活

1074 年，王安石迫于守旧派的压力辞去宰相职务。次年，力不从心的宋神宗再次起用王安石。1076 年，王安石的儿子王雱病逝，年迈且心力交瘁的王安石无力变法，便退隐到江宁（今南京）钟山隐居。王安石在山坡上建了一座庭院，取名"半山园"，自号半山老人。他在庭院中担土为丘，凿地为池，勤于劳作。闲暇之余，他或是骑着毛驴四处漫游，或是访友论诗、抄写经书，过着闲适恬淡的生活。

第八节

宋神宗主持的元丰改制

文物档案

名　称：北宋"元丰新样"铜权
特　点：铜质，权即秤砣，宋时用于称量物体重量的砝码。
收　藏：权衡天下博物馆

1080年，为了进一步解决"三冗"问题，宋神宗赵顼依据《唐六典》，对王安石变法中涉及较少的冗官问题进行了为期两年的大改革。这场官员制度改革由宋神宗主导，完全以皇帝的意愿为基础。赵顼期望通过改革，为他及后世的执政者提供良好的政治环境，史称"元丰改制"。

元丰改制的内容包括：裁撤冗员和冗散机构；解决机构重叠、机构虚设、在其位不任其职、在其位不谋其政、官员相互推诿（wěi）等问题；恢复唐代的三省制，削弱宰相权力；罢免省、台、寺、监中的领空饷者，减少相应开支；颁布《元丰寄禄格》，对官员升迁、各级俸禄等问题加以规范。

让我们走进博物馆小剧场，看看这场由皇帝亲自发起的变革吧！

博物馆小剧场 官员的全新面貌

1 皇上要裁撤冗员啦。我们著作局本来就没有多少活，还设立了著作郎、著作佐郎、秘书郎、校书郎、正字、修正等多个职位，有些职位还不止一个人。眼下，我们是裁撤的重点部门。

2 我们著作局进行了全员考试，最终按成绩决定是否留用。考试内容是时论，主要谈谈对新政的看法和建议。有几个同僚在那里抓耳挠腮，而我写了很多，包括对机构虚设等问题的看法和建议。

3 我留任了。我们局被裁下去很多人，包括公卿子弟。我的俸禄对照《寄禄格》，虽然比之前减少了，但根据最新的升迁制度，只要我认真工作，职位、俸禄都会有的！

4 皇上参照《唐六典》启用了"三省制"。之前其实也有中书省、尚书省和门下省，只是他们办事都要通过宰相，并没什么实际权力。这回，三省直接向皇上汇报，而宰相一职也被分成了左仆射和右仆射。

元丰改制的内容主要集中在两方面：一是针对官僚机构臃肿、办事效率低下的问题，颁布了《寄禄格》，规范了官员的升迁制度，使得官员在其位谋其职，同时裁撤了闲散、效率低下的部门和官员。二是恢复唐代的三省制，改变了宰相一人独大的局面，让三省各司其职，同时直接对皇帝负责。元丰改制虽存在一定弊端，但基本解决了冗官问题，减少了财政开支，后世官员改制也大多以此为参考。

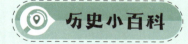
历史小百科

宋神宗在元丰改制中的智慧

元丰改制的内容之一便是恢复唐时的三省制。唐代三省的职能是：中书省协助皇帝拟旨，门下省审核，尚书省执行，其中中书省权力最大。元丰改制中，宋神宗创造性地把之前兼管中书省与门下省的首相改为只管理门下省，而让次相管理中书省。这就造成了首相的官位虽然高却是虚职，次相的官位虽然低于首相却是实职，两相相互制约，也就是使得相权直接变弱了。

确定宋朝斤两与现代的对照关系

1972 年，浙江瑞安仙降垟坑村一户农民在自家农田里挖出来一块秤砣样的铁块，上面刻有文字。经浙江省文物局鉴定，这是北宋熙宁年间的铜权，上刻有 180 字铭文。根据铭文得知，铜权重 100 宋斤，用现代秤称重为 125 斤，由此确定 1 宋斤等于 625 克。后来，王安石为了改变权衡不统一的问题，推出了"元丰新样"铜权，统一了权衡标准。

第九节

旧党与新党的争斗

　　1085年，宋神宗赵顼病逝，10岁的赵煦即位，他就是宋哲宗。宋哲宗刚即位时，因为年幼，暂由祖母高太后垂帘辅政。高太后一直不赞成宋神宗的改革，再加上王安石变法后期执法官员中饱私囊，以变法的名义敛财，使得民间积怨加深，呼吁废除新政的呼声很大。1086年，高太后召回司马光改制，宣布废除新法、恢复旧法，王安石变法就此宣告失败。以司马光为首的旧党极力铲除新党，主张把新党成员逐出朝廷，新党官员相继被贬。1089年，新党领袖蔡确被贬途中写的一首《车盖亭诗》，被认为是对守旧派的讥讽。旧党以此诗为引子，开始对新党进行大面积肃清，前后贬官多达数十人，蔡确也在被贬后死于新州。这场朝野巨变，史称"元祐更化"，又称"元祐党争"。

博物馆小剧场　旧法的复苏之路

1 我是太后身边读奏札的宦官，不久前，太后让我发一份"八百里加急"的御札给侍郎司马光。太后常在宫中批评王安石变法违背祖宗之法。现在太后主政，一定是让司马大人来废除新法的。

2 司马大人一回来，就被任命为宰相。前几天，司马大人呈上来一份折子——《请更正新法》。太后让我读给她和皇上听，太后听的时候频频点头，皇上却好像很不以为然。

3 这段时间，每天朝堂上都能听到对新党的抨击。太后先后处置了一批新党官员，比如神宗时主持新政的章惇和前任宰相蔡确及相关人员，贬的贬，罢黜的罢黜。唉，有点乱啊。

4 今天上朝时，一位官员来向太后告状，说蔡确大人写的《车盖亭诗》是在表达对太后和司马光大人的不满。太后很生气，把和蔡大人一起推动新法的大臣都赶出了朝堂。听太后的意思，还有一些人要处置。

　　1085—1093 年，因为皇帝年幼，高太后执掌朝廷大权。这一时期，由于高太后对变法的排斥，以司马光为首的守旧派势力得以强大，在革除变法带来的弊端的同时，也出现了以排除异己为目的的党派斗争。整体来说，这一时期是北宋建朝以来最稳定的时期，但是统治集团内部的党派之争，为后来的君臣异心埋下了伏笔。

历史小百科

一幅图终止了熙宁变法

　　元丰七年，中原大旱，加上王安石变法的弊端出现，导致大量流民出现。开封监门郑侠非常痛心，假称边关急报将一张《流民图》呈现给宋神宗。《流民图》中，百姓的惨状使宋神宗极为震撼，夜不能寐。第二天，宋神宗一上朝便宣布停止新法。

《车盖亭诗》案

　　1086 年，新党领袖蔡确从宰相之位被贬谪为知州。在赴任陈州途中，为抒发郁闷心情，蔡确写下 10 首绝句。其中，"矫矫名臣郝甄山，忠言直节上元间"等诗句，被守旧派人士吴处厚上奏朝廷，称有辱没高太后的嫌疑。旧党成员借此发挥，对新党展开一场大肃清，蔡确也被贬往偏远的岭南新州，最终郁郁而终。

第十节

宋哲宗实施元丰新法

文物档案

名　　称：宋哲宗永泰陵神道瑞禽石刻
出土地：河南省巩义市八陵村
特　　点：青石石雕，展翅欲飞的"马头凤"，寓意吉祥与重生。
收　　藏：永泰陵博物馆

1093 年，高太后去世，宋哲宗赵煦亲政。在高太后垂帘期间，虽然政局稳定、国家太平，但高太后执政时独断专权，在宋哲宗年满 17 岁时仍不肯还政。再加上守旧派大臣只听命于高太后，忽视了宋哲宗作为皇帝的权威，促使宋哲宗对守旧派产生了极大的不满情绪。

宋哲宗亲政后，迅速起用章惇、曾布等新党成员，罢去旧党范纯仁、吕大防的相位。旧党内部出现分裂后，宋哲宗顺势把旧党成员相继逐出朝廷，包括苏轼、刘挚等。之后，宋哲宗命章惇等人颁布"元丰新法"，恢复免役、青苗、市易等大部分"熙宁变法"的法规。在科举制度上，也沿用熙宁变法的政策，以策论及否斥旧党为取士标准。

博物馆小剧场　　元丰新法的实施

1 章惇大人终于回京了！听章大人说，皇上非常痛恨那些在高太后执政时，不把他放在眼里的旧党大臣。而皇上这次召回章大人，就是要废除旧制、推出新法的。

2 想当初，那些旧党大臣对我们大人多么嚣张，恨不得把我们大人踩在脚底下。他们一定没想到，现在轮到他们敢怒不敢言了吧？皇上推出新法态度坚决，上来就罢黜了两位守旧派宰相。

3 我发现一件不太好的事。一个老乡说，他老家之前被强占的一块土地，按照熙宁新法本应重新分配给他，但是按照元丰新法就与他无关了。不是说新法和十几年前王安石大人的新法差不多吗？

4 我熟悉的一位武将却神采奕奕的。听说，元丰新法颁布后，他们的俸禄比王安石大人推出新法时提高了不少。真是几家欢乐几家愁，看来元丰新法和熙宁新法还是有区别的。

　　元丰新法是宋哲宗亲政后改变旧制的政治举措，表达了他不愿守旧、期望改变的意图。元丰新法是熙宁变法的翻版，但在注重发展农业方面并没有完全照搬熙宁变法，尤其在抑制公卿、大地主兼并土地方面执行不力，反而在军备方面的政策力度更大。元丰新法给社会带来的改变有限，但它表明了帝王变革的态度，是一种强化权力的表现。

历史小百科

定西古城的传说

　　今甘肃省定西市别称凤凰城，这个名字的来历与宋哲宗赵煦有关。年幼的赵煦继位，西夏王认为这是个好时机，频繁骚扰边境。为防御西夏，西河路经略使李宪建造了定西城寨。传说，有一天一只受伤的凤凰飞到这里，落在城墙上头哭了三天三夜，最终死去。当地民众将凤凰厚葬在城寨后面的山脊上。令人称奇的是，没多久山脊竟变成了展翅飞翔的凤凰形状。自此，定西城被称为凤凰城。

乌台诗案

　　1079 年，苏轼调任湖州知州，在一份例行公文中发了两句牢骚话"愚不识时，难以追陪新进；老不生事，或能牧养小民"。御史台官员李定等新党成员断章取义，以此弹劾苏轼。宋哲宗为了震慑反对新政的官员，将苏轼投入狱中待发落。朝堂上，新旧两党中的许多文官极力营救苏轼，最终王安石惜才，上奏神宗，才使苏轼得以安身保命。

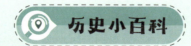

第十一节

北宋征服西夏

文物档案

名 称：西夏石马

出土地：银川市西夏陵区 177 号陵

特 点：砂岩圆雕，石马四肢屈膝跪卧，瞪目立耳，姿态雄健。

收 藏：宁夏博物馆

西夏在宋神宗与宋哲宗时期频繁骚扰宋朝西北边境。为了彻底解决西夏边境问题，1093—1095年，宋哲宗先后派新党主战派吕惠卿、章楶（jié）、孙路等赴任各边路经略史，主动骚扰夏国边境，诱敌来袭。在应对西夏骚扰的问题上，宋哲宗采纳了众谋臣的建议，一方面继续修筑长达千里的防御工事，另一方面在西夏边境内建设堡寨，逐步蚕食西夏领土。1096 年，吕惠卿在延安府建寨，诱西夏来战，以三千人的代价蚕食了西夏边境领土。1097 年，章楶在清水河上游的山脊上建立平夏城寨，成功牵制住夏军主力。此时，其他各路宋军趁机攻入西夏境内。当夏军主力回国救援时，又遭到章楶追袭，损失惨重。最终，西夏不得不求助辽国从中调停，自此，宋朝西北边境再无战事。

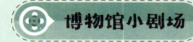

博物馆小剧场 　**大败西夏军**

1 夏国太无耻了，明明达成了"庆历和议"边境友好盟约，还总来骚扰我国边境。幸好皇上有远见，早早建造了长达千里的防御工事，有效挡住了它的攻势。

2 两次变法后，我们兵将之间的关系更加紧密了，老兵和残兵也都退役了，现在剩下的都是我们这些精壮的士兵，军队的战斗力大大增强。所以，我们化被动为主动，故意骚扰夏国边境，就是想痛痛快快打一场。

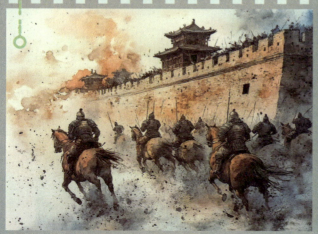

3 边关新来的主将说，我们要改变战术，彻底解决夏国骚扰的问题。于是，我们悄悄地潜入夏境，用极短的时间在山脊上建起一座山寨。为表达战胜夏国的决心，主将给山寨取名平夏城。

4 这座山寨真是给力，我们靠它成功拖住了夏国大军十三天。由于山寨建在山脊上，夏国的骑兵和弓弩、投石器都没发挥太大作用。夏军损失惨重，不得不撤退。这下看它还有力气骚扰我们吗？！

　　两次宋夏战争都是宋军主动发起的，最终以宋军的胜利告终。这是宋朝中后期少有的对抗外敌的胜利，是宋军改革军队、改变战术带来的成果。两次平夏战役不仅改变了宋朝前期软弱求和的态度，还夺回了司马光赠与西夏的四寨，并扩大了宋朝的领土，使西北的主要盐产区划入宋朝版图。同时，平夏战役重创了西夏的国力，使西夏就此走向没落，对宋朝西北地区的稳定起到了决定性作用。

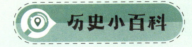

历史小百科

聪明人办的糊涂事

　　聪明的司马光曾干过一件糊涂事。宋哲宗刚即位时，西夏王趁宋朝时局不稳，提出索要宋神宗"熙河开边"时从西夏夺得的米脂、葭芦、安疆、浮图四处边寨。身为宰相的司马光考虑到守卫四处城寨需要大量兵力、财力，而彼时宋朝国库空虚，加上西夏王还以释放掳走的宋边境军民作为交换条件。于是，在司马光的支持下，宋朝割让了这四寨给西夏。

范仲淹发明的堡寨

　　先秦时期，军队开始在驻地周围种田，可田地很容易受到破坏。北宋时，范仲淹视察边防时发明了堡寨。他把堡垒和屯田相结合，在高高的土筑围墙内开垦农田，并招揽没有地的农民来耕种。闲时为农，战时为兵。堡寨的建立不仅解决了粮草问题，还增加了边兵人数，可谓一举两得。

第四章
走向覆灭的北宋

第一节

宋徽宗的腐朽统治：
少有的艺术天才皇帝

文物档案

名　称：北宋汝窑青瓷无纹水仙盆

特　点：椭圆形盆，侈口、深壁，平底窄边棱，通体天青釉。

收　藏：台北故宫博物院

　　1100 年，宋哲宗赵煦病逝，其弟赵佶即位，他就是宋徽宗。宋徽宗是一位艺术天分极高的皇帝，骑马、射箭、蹴鞠、奇花异草等无不涉猎。宋徽宗最钟爱笔墨艺术，擅长书法与绘画，书法师从北宋著名词人、书法家黄庭坚，后来又自创"瘦金体"，形成独特风格。1104 年，宋徽宗出于对书法和绘画的喜爱，专门设立了画学，并把它正式纳入科举考试中。为推动宫廷绘画的发展，宋徽宗创建了宣和画院，并组织编撰了《宣和书谱》《宣和画谱》和《宣和博古谱》，作为画院学生学习资料。在宣和画院，宋徽宗亲自授课，培养了众多优秀画家，他们的优秀作品都会被收藏在皇宫里。宋徽宗还大力发展官窑建设，宋朝五大名窑在这一时期烧制了很多精品，尤其汝窑，更是烧制出许多稀世之作。

博物馆小剧场　　培养画家的宣和画院

1 考入宣和画院后，我才知道，皇上竟然是我们的老师。能和皇上朝夕相对，我真是太幸运了！而且无论是绘画还是书法，皇上都懂得非常多。据说我们的教材《宣和画谱》，就是皇上亲自组织编撰的。

2 画院给我们的待遇很高，所以很多人都争着抢着考进画院。而且我们的老师大部分是通过科举考取功名的翰林画师，他们的水平非常高，所以，我们的学习劲头都很足。

3 皇上带几名窑工来看我们作画，说是要找烧制旷世瓷器的灵感。一个窑工告诉我，皇上建了很多窑场，不仅对瓷器的质地要求很高，对上面的图案也很讲究，所以他们也要学习绘画。

4 我的一位同窗完成了一幅巨制，被皇上用瘦金体题了字，还放在了皇宫最显眼的位置。这是多大的荣耀啊！同学们别提多羡慕了！我的作品什么时候能进皇宫呢？

宋徽宗是历史上难得一见的多才多艺的皇帝，他的艺术成就极高。出于自身的喜好，宋徽宗特别重视文化艺术教育，创建画院，挖掘书画人才，为后世带来很多文化艺术上的瑰宝。在他的培养下，涌现出张择端、王希孟等一大批画家，《清明上河图》《千里江山图》更是成为传世珍宝。同样作为艺术珍品的瓷器，在这一时期也达到了中国古代制瓷技艺的巅峰。

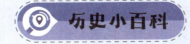

历史小百科

北宋汝窑天青釉
细颈鼓腹瓶

汝窑天青色的由来

　　传说有一天，宋徽宗梦到天空出现一抹蓝色，非常美丽。醒来后，他信手写下"雨过天青云破处，这般颜色作将来"的诗句，并命汝窑烧这个颜色的瓷器。据传，窑工经过无数次尝试，最终在一个阴雨天，用名贵玛瑙制作的釉料烧制出了令宋徽宗满意的天青色。后人评价汝窑青瓷为汝窑瓷器中的最佳之作。

宋徽宗的审美水准到底有多高？

　　《清明上河图》和《千里江山图》在现代被视为国宝，但在宋徽宗时期却不受待见。张择端是画院的老师，《清明上河图》采用的是"界面"画法，画中的人物、房屋等比例相同，需要依靠界尺工具协作作画，这对于行家宋徽宗来说，技法显得过于简单。而对于《千里江山图》，宋徽宗认为矿物颜料使用过多，艳丽的颜色遮掩了山形的俊朗。因此，宋徽宗将这两幅画都送人了。

第一节

宋徽宗的腐朽统治：
内部的腐朽统治

文物档案

名　称：北宋元祐党籍碑（拓本）
出土地：广西壮族自治区桂林市龙隐岩石刻
特　点：高 193 厘米，宽 143 厘米，宋朝摩
崖石刻，记录元祐党 309 人名单。
收　藏：北京大学图书馆

　　尽管宋徽宗在艺术领域有着极高的成就，但作为皇帝，堪称玩物丧志的典范。他沉迷于雅趣和声色，不谙国事，还重用蔡京、童贯、杨戬、高俅等奸臣及宦官，致使奸臣当道，朝堂昏暗。

　　宋徽宗朝宰相蔡京因擅长书法得到了宋徽宗的青睐，并被委以重任。赢得宋徽宗信任后，蔡京独揽国家政务大权，霸占相位长达 17 年。以他为首的党羽以推行新法的名义，镇压旧党成员，排除异己；设造作局、应奉局，强抢民间珍宝、奇石异草供宋徽宗玩乐；频繁造币，榨取民财；制售卖证，垄断茶盐交易；大兴土木，建造艮岳等庭园；混乱朝纲，大肆卖官鬻（yù）爵。蔡京及其党羽在推行所谓新法的过程中疯狂敛财，个个中饱私囊，富可敌国，而国库却愈加空虚，民众苦不堪言。

博物馆小剧场　　茶商感受到的乱政

1 奸相蔡京把持朝政 17 年，把国家治理得千疮百孔。就拿他刚发行的当十钱来说，说是为了省下铜铁造武器，可是这么大面值的钱一出来，大家就争相仿造，可把我们普通百姓坑惨了。

2 这世道连无赖也能做官，集市上原来那个无赖，花 500 贯在衙门谋了个武翼郎的差事。听说他现在正督作蔡京拟定的《元祐党籍碑》，用来打压旧党呢。真是跳梁小丑做官，贤臣却遭诋毁。

3 我现在去茶农那儿进茶，不管进货多少，都得先到衙门买交引，也就是售卖证。听一个盐商朋友说，他们进盐也得买交引。本来就是小本生意，还要额外花钱买交引，这交引钱就够我们赚一阵子了。

4 昨天我去艮岳工地送茶，干活的人说修建资金不够了，又得立名目向百姓收钱了。园林里很多奇石异草都是从百姓那儿强抢来的，现在建园林还要百姓花钱。这是不给百姓活路，逼大家造反吗？

在艺术上造诣极高，同时为中国文化艺术贡献极大的宋徽宗，作为皇帝却是彻头彻尾的昏君。他沉迷于奇珍异宝，蔡京及其党羽为了取悦他，大肆搜刮，强取豪夺，对百姓造成了极大的危害。蔡京独揽大权不说，还借各种名目排除异己，迫害忠臣。这一切都是宋徽宗贪图享乐、骄奢淫逸所致。也是从这个时期开始，北宋一百多年的基业快速衰落，百姓生存异常艰难。

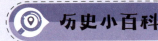

历史小百科

两名石匠与《元祐党籍碑》

崇宁三年（1104年），为清理旧党，宋徽宗授意宰相蔡京拟定"元祐党人名单"，又命各州府刻《元祐党籍碑》，名单上包括司马光、吕大防、苏轼等人。刻石碑需要石匠，长安有个石匠知道司马光为人正直，不肯刻石碑可又无法反抗官府，最后他恳求石碑上不要落款石匠的名字。九江也有个石匠，平时靠刻苏轼、黄庭坚的碑文谋生，官府找到他刻石碑，他为了报恩，至死也没有刻石碑。

蔡京的结局

蔡京被称为北宋末年六大奸臣之首，做了许多祸国殃民的坏事。金国第一次攻陷东京开封时，宋徽宗让位给宋钦宗。宋钦宗知道蔡京的奸佞，把他贬往偏远的岭南。蔡京出发时带了大量金银，行至半路带的食物吃完了，拿出金银向路上的百姓购买。百姓受过他的迫害，对他恨之入骨，都拒绝卖给他食物。最终，蔡京空有无数金银，却被饿死了。

第二节

宋江、方腊农民起义

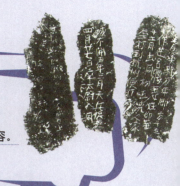

宋徽宗赵佶不谙国事，任由蔡京及其党羽把持朝政。蔡京与宦官杨戬等人先是设立稻田务，后又设立营缮所，强占农民田地，强迫农民租种荒地，并收缴赋税。没过多久，又实行折纳法、和籴（dí）法，进一步盘剥农民资产。在搜刮民间财产运往京师的花石纲役中，致使沿途农民破产、死伤无数。终于，走投无路的百姓纷纷揭竿而起。1119年，济州郓城人宋江因不堪稻田务重赋，在梁山泊聚众起义，迅速发展到数万人，转战于青州、齐州至濮州境内。最终，起义军在攻打海州时遭到知州张叔夜伏击，被镇压。1120年，睦州人方腊因受花石纲之害，在淳安西部的帮源洞率众起义，不久攻克睦、杭、处、婺（wù）等州，义军人数增至几十万。后来，起义队伍被童贯带兵镇压。

◉ 博物馆小剧场　　暴政引发的农民起义

1 我家祖辈种了几十年的良田，被括田所的人说是荒田。根据现在的法规，荒田都要收归国家所有。更可气的是，田地被强行没收后，仍然让我耕种，到年底要交不少租金。不种就把我关进大牢！

2 家里的粮不够吃，昨天我下河里挖了两根野藕，被官差抓到了。他们说河里的鱼虾、莲藕都是国家的，挖了藕得交税。我哪有钱啊！官差要我去县官家的田里做徭役，来抵扣税钱。这也太欺负人了！

3 郓城的宋江带领起义军打到我们这里了，我第一个报名加入了义军。义军队伍里都是像我这样走投无路的老百姓，我们打着"替天行道"的旗号，目标是替天下百姓撑腰，推翻这暗无天日的朝廷。

4 起义失败了！朝廷说镇压起义消耗了军备，让百姓每年交军备粮，老百姓的日子更难了。听说睦州的方腊也率众起义了，我带着家人不远万里去投奔了他。

　　北宋末年爆发的宋江、方腊农民起义虽然先后被镇压了，但它暴露出北宋朝廷的腐败。面对硝烟四起的农民起义，宋徽宗丝毫不思过失，每日仍旧沉迷于声色、雅艺之中，不顾百姓死活。宋江、方腊起义虽然以失败告终，但它展示了人民受到压迫时的抗争精神，是中华民族血性的体现，也表达了劳动人民团结一致反对压迫的决心，同时，进一步加剧了北宋朝廷的瓦解。

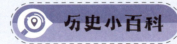
历史小百科

历史上真实的宋江起义

　　历史上真实的宋江农民起义远不如施耐庵笔下《水浒传》描写得那样轰轰烈烈。实际上，宋江手下只有三十六名将领。这些将领大多是梁山泊农民与渔民，不是什么武林高手。宋江起义军最终被地方州府的厢兵战胜并招安。而在征讨方腊的战斗中，宋江的队伍不是小说中所描绘的主力，只是协同作战的辅助队伍。

方腊用计退官兵的故事

　　方腊起义不久，在月台山被宋军围困半个月，使得起义队伍的粮草和水源几乎耗尽。一天，方腊忽然想到一个退敌的计策。他把仅剩的一点白米饭喂给一只狗吃了，然后放狗下山，并把山上干涸湖里露出的两条鱼扔下山。宋军杀了狗，发现狗肚子里全是白米饭，又见山上有鱼，认为那里肯定不缺水，便误以为方腊储备充足，赶紧撤了军。

第三节

靖康之变

文物档案

名　称：北宋"金钟"琴

特　点：通体黑漆，紫檀木质，龙池（琴身中心的槽口）上方刻"金钟"，下方刻"宣和殿"。应为宋徽宗时官琴。

收　藏：北京故宫博物院

　　1125 年，金国以宋朝不履行之前定下的"海上之盟"为由，派两路大军南下攻宋。由于宋军长期腐化、散漫，金军不到三个月就包围了东京开封。宋徽宗仓皇逃跑，把皇位让给儿子赵桓，赵桓就是宋钦宗。宋钦宗在太常少卿李纲的竭力劝说下，决定留下进行东京保卫战，最终军民同心，击退了金兵。然而次年，金兵再度南下，包围东京。兵部尚书孙傅轻信方士郭京，以巫术克敌，致使京师被攻破，徽、钦二帝被俘。1127 年春，金兵押解徽、钦二帝及后宫妃嫔、百官、皇族、公卿三千多人，加上乐工、技艺工匠、仪仗、法驾等四千余人北上，并搜刮各种金银财宝一并押送。到达金国后，徽、钦二帝被软禁，这一事件史称"靖康之变"。

博物馆小剧场　　屈辱的北上之路

1 没想到刚过去一年，金兀术率领金兵又围城了！去年是太常少卿李纲大人指挥大家守住了京师。后来，皇上竟然听信谗言把李少卿贬黜了。如今让兵部尚书孙傅守城。京师能守得住吗？

2 堂堂尚书竟相信巫术能守城！京师被攻破了，太上皇和皇上都被抓了起来。不过我实在不明白，金兵抓我们太乐署的乐师，还有嫔妃、官员、工匠做什么？还要把我们一同押送到金国去。

3 去往金国的路上，我们看到很多流离失所的大宋子民。要出宋境时，路过一座边寨，金兵首领让两位皇上命令守城的官兵投降。可守城的将领像不认识皇上似的，誓死不与金兵妥协。他们真是好样的！

4 我们刚到金国西京，太上皇和皇上就被拉去穿上黑袍向金太祖的灵位叩头。金国管礼制的大臣要我们乐师弹《保太平》。可一想到亡国恨，我实在弹不出任何曲子了。

　　靖康之变是北宋统治者腐败无能、消极抵抗的结果。它断送了北宋 160 余年的基业，使东京及周边流民无数，生灵涂炭，哀鸿遍野。之后，金国利用伪齐、伪楚控制中原及齐州、肃州等地区，欺压当地汉族百姓近百年。后来建立的南宋政权偏安一隅，再也未能收复故土。

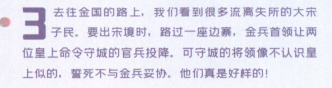

历史小百科

徽、钦二帝真的被关在井里吗？

　　《说岳全传》里写道："两个皇帝被金人关在五国城，在那里挖了口大井，让两个皇帝在井里坐井观天。"徽、钦二帝真的被关在井里吗？经过考证，他们实际上被关在类似井的"地窨（yìn）子"里。地窨子是北方地区预防严寒的一种房屋建筑类型，由于建造时要在地上挖坑，才被误以为是井。

李纲舍命谏言

　　1125 年，金军逼近京师东京。宋徽宗想逃跑保命，太常少卿李纲则主张皇上留在京城以提高军民抗金士气。李纲知道自己职微言轻，谏言换帝肯定会招致杀身之祸，就提前安排好后事，又刺臂以血代墨写血书，谏言换帝主战。他的浩然正气感化了宋徽宗，宋徽宗将皇位传给了儿子赵桓，赵桓成了宋钦宗。宋钦宗即位后，让李纲全面负责东京的防卫，终于促成了东京保卫战的胜利。

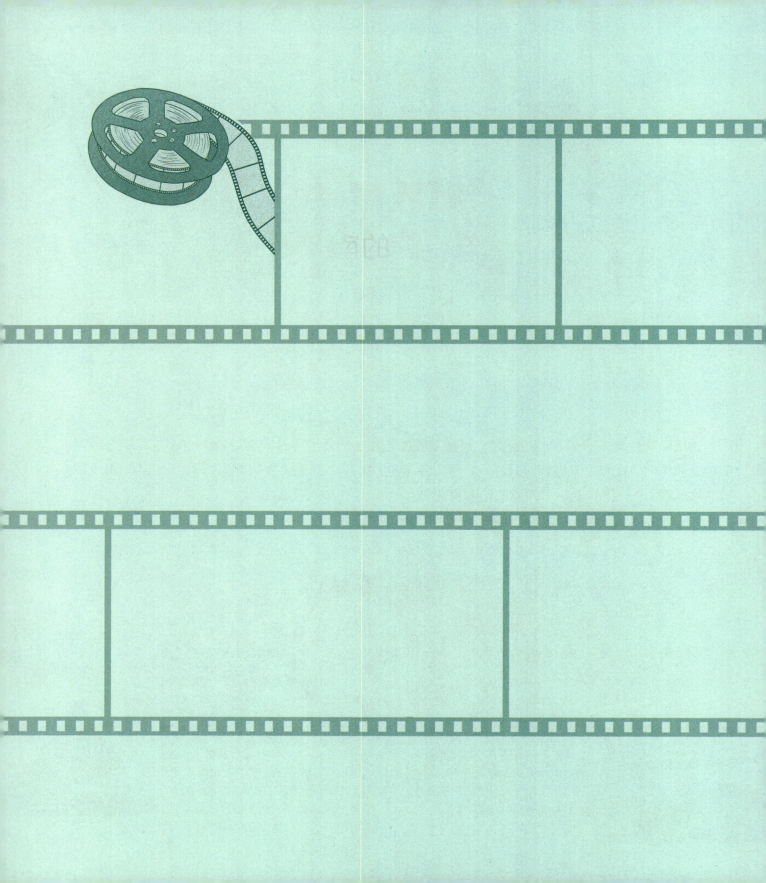

第五章
偏安半壁的南宋

第一节

南宋被迫迁都

　　1126年冬，徽、钦二帝被金军掳走，北宋宣告灭亡。宋徽宗的第九个儿子赵构恰好在出使金营的路上，躲过此劫。在得知徽、钦二帝被掳走的消息后，赵构辗转东平、济州、应天府，集结宋军准备北上勤王。1127年，在张邦昌、黄潜善等人的拥护下，赵构即皇帝位，他就是宋高宗。宋高宗改年号建炎，定都南京应天府（今河南商丘），南宋王朝就此建立，1129年正月，完颜宗弼（金兀术）率三路金兵南下，捉拿正在扬州巡查的宋高宗。宋高宗四处逃避金兵。七月，完颜宗弼又率三路金军"搜山检海"，捉拿宋高宗。宋高宗辗转各州及海上长达七个月。在金军的多次追捕下，宋高宗被迫放弃离金国较近的应天府，迁都有长江屏障的临安（今浙江杭州）。

 博物馆小剧场 皇帝避险记

1 万万没想到，我一个王府的侍卫，转眼间就成了皇上的御前侍卫。我们王爷身为九皇子，也从没想到有登上皇位的机会。好吧，只是如今这时候，金国虎视眈眈，感觉当皇上挺危险的。

2 这一年来，我们每天护着皇上逃亡。有一次完颜宗翰率军南下，我们当时在楚州，而他们都突破楚州了我们才收到消息。我和伙伴赶忙拉起正在休息的皇上逃跑，逃至瓜州再转到平江府才甩开追兵。

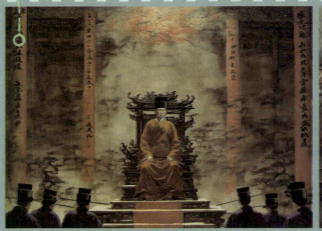

3 今年七月，完颜宗弼率军南下，我们又护卫皇上从建康逃到越州，再到明州和临安。最后被完颜宗弼逼得走投无路，只好逃到海上。我们在海上漂泊了五个月，金兵才撤退。

4 昨天在建康的临时朝堂上，张浚等几位大人争论是不是该迁都临安。南京应天府离金国太近了，临安离得相对远，又有长江天堑，城外还有水田阻挡金军的骑兵。最终皇上拍板，迁都！

　　宋高宗赵构经历过靖康之变，还曾作为人质亲赴金营。这些经历使他看到了金军的强大与宋军的羸弱，意识到双方的实力差距。作为宋室最后的血脉，兴复宋室唯一的希望，赵构从内心畏惧金军，这使得他在即位初期，面对金军的追击，只是一味地逃跑。但这也为他建国后迅速进行改革，大力发展经济提供了动力。随着南宋的国力增强，宋金的实力对比发生了重大改变。

历史小百科

泥马渡康王的传说

　　传说，当时还是康王的赵构在躲避金军的途中，有一次在名为"圆悟堂"的寺庙里睡着了。睡梦中忽听有声音提醒他："快跑，金兵来了。"赵构惊醒后骑上庙门前的白马逃跑，不多时真有金兵追来。白马驮着赵构渡过黄河，成功甩开追兵。过河后，白马却不动了，赵构下马才发现这竟是一头泥塑的马，很快化掉了。赵构登基后，在"圆悟堂"重塑了泥马，接受后人祭拜。

赵构与小玉印的故事

　　南宋洪迈的《夷坚志》中记载了这样一个奇闻：明州一个举子到临安赴省考，在一个老渔夫那儿买了条大鱼，剖开鱼腹发现其中有个小玉印。小玉印经几次买卖倒手，最后到了德寿宫提举张去的手里。一天，太上皇赵构见到张去腰间的小玉印，便问张去如何得来。原来，这个玉印是赵构四五十年前在海上逃亡时丢失的。

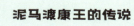

第二节

摇摆不定的宋高宗

文物档案

名　称：北宋靖康元年李纲铜

特　点：钢制菱形，是抗金名臣李纲的佩铜。铜身上有篆书"靖康元年李刚制"。

收　藏：福建博物院

南宋建立初期，宋高宗一面想抗金迎回父兄，一面又畏惧金国的雄兵，还担心父兄回朝会危及自己的帝位。1127年，宋高宗听取主战宰相李纲建议，命宗泽在澶州集结兵马，意图重返东京，可私下又遣王伦前往金国乞和。1132年，命刘豫、翟兴等镇抚使拥兵集结，私下却派韩肖胄乞和。1134年，起用岳飞、吴玠等人抗金。1136年，命王伦再谈和议。1137年末，宋徽宗在金地病故，宋高宗失去了北伐的动力，在岳飞等人大胜金军之际，派秦桧向金求和。为了稳固南宋政权并抵挡金国的侵袭，宋高宗对军队进行了改革：设御营司，作为统辖东南各军事编制的核心机构；设孳（zī）生监，专门饲养、繁殖良种战马；积极练兵扩军，提升军队战斗力；还设立御研司，亲自主持研发新式武器。

博物馆小剧场　　反复的求和之旅

1 皇上又派大臣出使金国求和了。因为我曾往金国运过布匹，对路线熟悉，被任命为向导。出使是秘密进行的，边境很多将士还在奋力抗金。这样子是不是在践踏将士们的心血？

2 听出使议和的使臣说，皇上设立御营司的目的，原本是想把军队都集结起来，让宰相全权处理紧急战事。可是，他转眼又和一些大臣私下里商量，如何才能和金国议和。这也太矛盾了。

3 和我们同行的还有孳生监的官员，他的任务是到金国买种马。他说，四川产的马和广东产的马力量小、速度慢，上不了战场，能买到女真马是最好的，价格再高也合算。

4 今天，我们见到了金国皇帝。这回我们带来的礼物，除了刀、铜，还有一把锐首小枪，这是一种火器，由我们新设的御研司研制的。使臣说，带上这把火器，让金人知道我们的武器多么精良，好增加议和的筹码。

在颠沛流离的日子里，宋高宗赵构抓住一切时机进行改革，力求强大，为自保提供实力。在主战派的支持下，他一度想打一场漂亮的翻身战。然而，他对金兵发自内心有畏惧之感，所以一次又一次地派使者求和，使得宋军在岳家军、韩家军等占有优势的情况下，再次错失收复失地的良机。宋高宗虽然保住了宋朝的基业，但他优柔寡断，任用奸臣，使南宋注定了苟延残喘的命运。

历史小百科

宋高宗养马

赵构建立南宋后，金国侵扰不断。他深知，金兵在战场上一直占据优势，除了士兵勇猛外，还有个重要原因，就是有许多强壮的战马。南宋处于南方，北方战马来源已经断绝，南方马匹个子小、体能差，不适宜作为战马。赵构便鼓励大臣和百姓们繁殖、改良吐蕃马。他还设孳生监并亲自监督管理马匹。短短两年，单孳生监一处新繁殖出的马匹就达 300 余匹。这项措施，在某种程度上很大提升了南宋士兵的战斗力。

南宋抗金的秘密武器

南宋水军抗金有一件秘密武器——猛火油柜，由宋将李宝发明。猛火油即石油，相传李宝受前人水战用猛火油火攻的启发，将猛火油装进铜柜子里，再在柜上设置铜管，管上横置唧筒，利用大气压的原理，通过抽拉唧筒射出火焰，引燃敌舰。

第三节

岳飞的抗金之路

文物档案

名　称：岳飞铜像

特　点：铜铸，高12.6米，基座以大理石砌成，西侧镌"岳飞"二字，东侧镌岳飞生平，北侧镌"尽忠报国"四字，南侧镌《满江红》词。

地　点：河南省安阳市汤阴县精忠广场

　　岳飞是宋代的英雄人物，拥有传奇又可歌可泣的一生。岳飞原是主战派领袖宗泽的部将，后来宗泽因宋高宗不想还都东京，迟迟不发兵，错失战机，郁郁而终。岳飞辗转投入张俊麾下，后被张俊引荐给宋高宗。1128—1141年间，岳飞四次率兵北伐，指挥抗金战斗数百次，用兵如神，收复淮南大部分失地，俘虏、击杀金国兵将无数。1142年1月，岳飞被秦桧设计陷害，含冤而死。岳飞治军严格，重视选拔、勤于训练、赏罚公平、纪律严明、厚待部将、爱兵如子。对金作战中，岳飞采取"连结河朔"的策略，联络北方民间抗金武装力量，协同作战。岳飞作战的时候勇猛无比，身先士卒，对待百姓也是爱护有加；若是撤军，不管战事多紧都会保护民众先撤离，因此岳飞深受将士和百姓的爱戴。

博物馆小剧场　　神勇无敌的岳家军

1 我曾参加钟相、杨幺领导的农民义军，不想被岳将军的军队给平定了。岳将军没有杀我们，还说我们中愿意留下的可以跟着他抗金。我们都没走，岳将军威名远扬，跟着他准没错。

2 很快，我们岳家军和河南府地区的各路忠义民兵军团会师了。他们也打着我们岳家军的旗号，愿听岳将军号令。我们的力量越来越壮大了。在岳将军的指挥下，我们一路拿下了蔡州、郾城、颍昌。

3 颍昌大捷，朱仙镇也拿下了，已经能看到东京城了！金兀术就在那里，眼看着就到了决一胜负的关键时刻，皇上竟连续给岳将军发了十二道金牌，让我们班师回朝。

4 百姓不让我们走，怕我们走了，金兵报复他们。岳将军不顾朝廷催促，硬把岳家军留下来五天，保护百姓撤退。朱仙镇很快变成了空城。我看到岳将军望着京城的方向发呆，他内心得多么不甘心啊！

　　岳飞打造了一支军纪严明、作战勇猛的岳家军，在抗金作战的过程中，个个奋勇杀敌，取得了一次次胜利。然而，在整个宋军都斗志昂扬的时候，朝廷里以宋高宗和秦桧为首的投降派却在谋划着向金军求和。最终，岳飞被召回朝廷，北伐的步伐戛然而止。这也使得原本抗金的兵将们看清了宋高宗与秦桧对金的态度，由此产生了畏战心理。自此，南宋军队从主动进攻进入全线防守阶段。

历史小百科

岳飞自惩

　　岳家军为联络地方武装力量，常赠与他们岳家军军旗。有一年，岳飞北伐路过卫州的一个村庄，百姓告诉他，有一队人马打着岳家军军旗抢劫村民财物。岳飞派人查探后，才发现那是一伙山贼。他当即率兵消灭了山贼，夺回百姓损失的财物。为这事，岳飞惩罚自己禁食三天自省。

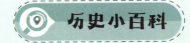

金国重骑兵铁浮屠

　　铁浮屠是由完颜宗弼（金兀术）领导的一支战斗力极强的重装甲骑兵。士兵从头到脚穿着两层铠甲，只露出一双眼睛，马匹也身披重甲，士兵骑在马上犹如移动的铁塔，因此得名"铁浮屠"。完颜宗弼靠着铁浮屠四处征战，所向披靡。在迎击铁浮屠几次失利后，岳飞想用长铁杆绑上镰刀割铁浮屠马腿的方法，最终战胜了不可一世的铁浮屠。

第四节

屈辱的绍兴和议

文物档案

名 称：南宋金牌

出土地：浙江省杭州市玉泉和长明寺巷

特 点：金质。上面刻有金银铺名、店主名。是商人向政府缴纳的一种税证。

收 藏：浙江省博物馆

1140年，完颜宗弼再次率大军南下侵宋，但在顺昌被宋将刘锜打败，又在郾城和颍昌被岳家军大败。这年年末，完颜宗弼在南宋各路北伐军的攻击下，被迫退守东京东北部区域。金熙宗完颜亶见局势对金国不利，主动向宋高宗示好，追封宋徽宗，并善待宋钦宗。1141年，完颜宗弼给秦桧的密信中提到："必杀岳飞，而后和可成。"宋高宗本就害怕收复东京后遭金人加倍报复，得到完颜宗弼的消息后，便与秦桧着手解除韩世忠、张俊、岳飞三大将的兵权，使抗战派瓦解。之后，宋高宗和秦桧谋划，以"莫须有"罪名杀害了岳飞。1142年，南宋与金国达成和议，宋向金称臣，每年贡银25万两、绢25万匹，以淮河至大散关为界，宋徽宗灵柩与宋高宗生母由南宋接回，史称"绍兴和议"。

博物馆小剧场　投降派的丑恶嘴脸

1 我是牛皋，最近打金军打得好过瘾。眼看着我们就要向东京城北进发，攻打完颜宗弼了，将士们都对收复东京志在必得。谁知，朝廷派来的传令官说，皇上让撤军。太气人了！

2 班师回朝后，我们才知道皇上要和金国议和。韩世忠和张俊两位元帅也被命令撤军了。我们马上就赢了，为啥要撤军？大家既气愤又不理解。皇上收回了三位元帅的军权，我们岳家军也被解散了。

3 皇上竟以"莫须有"的罪名，要处死岳元帅和岳云、张宪两位大将。我找皇上理论，可他躲着我。原本打算去劫法场，岳元帅得知后，坚决地拒绝了我。

4 和议签订了，朝廷不仅要向金国称臣，还要每年进贡金银。秦桧的一个下人，因为敬仰岳飞，偷偷告诉我：岳元帅被处死，就是秦桧与完颜宗弼私通所致。这昏暗的朝廷如何值得岳元帅卖命啊！

　　"绍兴和议"是南宋朝廷签订的第一个和议，也是第一个向外族称臣的屈辱协议。宋高宗赵构既担心抗金将领功高震主，又怕北伐军迎回宋钦宗后自己的皇位不保，所以他丝毫不顾无数宋军用血汗换来的胜利，收回抗金将领的兵权，瓦解抗战派势力。宋高宗任由秦桧私通金国，残害忠良，换来了南宋20年的和平，却错失了彻底消除金国隐患的机会，致使后世又被动签署了多个不平等和议。

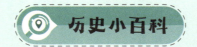

历史小百科

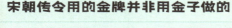

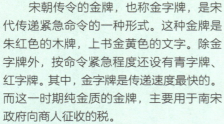

宋朝传令用的金牌并非用金子做的

　　宋朝传令的金牌，也称金字牌，是宋代传递紧急命令的一种形式。这种金牌是朱红色的木牌，上书金黄色的文字。除金字牌外，按命令紧急程度还设有青字牌、红字牌。其中，金字牌是传递速度最快的。而这一时期纯金质的金牌，主要用于南宋政府向商人征收的税。

岳飞之死

　　1141年，精忠报国的岳飞被赵构与秦桧联合谋害。历史学家分析，赵构与秦桧谋害岳飞有三个主要原因：第一，岳飞主张收复北方，迎回二圣，赵构担心徽、钦二帝回来后他的地位不保。第二，当时赵构的母亲在金人手上，金人提出送还的条件就是杀岳飞。第三，秦桧私通金国，害怕金国战败后，他的事情会全盘败露。这些因素成为一代忠烈岳飞的催命符。

第五节

屡遭失败的隆兴北伐

1161 年，金海陵王完颜亮率兵南下攻宋，他的弟弟完颜雍趁机称帝。在采石矶战役中，完颜亮遭遇兵变，被下属射死，攻宋计划宣告失败。1162 年，宋高宗把皇位禅让给继子赵昚（shèn），赵昚就是宋孝宗。宋孝宗十分不满宋高宗对金国一味求和的态度，即位后即为岳飞平反，又起用主战派张浚任枢密使。1163 年，宋孝宗不顾赵构劝阻，直接命令张浚北伐。北伐初期，宋军收复了几座县城，但随后由于宋军将领内部出现矛盾，导致北伐失败。宋孝宗与金军首次议和没成功，便组织宋军再战，结果又损失了楚、濠、滁三州。宋孝宗放低姿态请和，宋金双方最终达成"隆兴和议"：宋向金称臣，每年纳贡银 20 万两、绢 20 万匹，放弃海、泗、唐、邓、商、秦六州。这次战争史称"隆兴北伐"。

博物馆小剧场　　虎头蛇尾的隆兴北伐

1 皇上宣布北伐，任命张浚大人为枢密使全权负责前线的指挥。我被任命为粮草押运官，我们的押运队刚要出发，就被枢密院的老臣拦住了。原来，皇上怕他们拖后腿，没和他们商量。

2 张大人手下的李显忠将军率军很快占领了灵璧，而邵宏渊将军却迟迟拿不下虹县，幸好李将军劝降了守虹县的金军，虹县才算攻克。不过，听说邵将军似乎在怪李将军多事。这个时候内部可不能有矛盾啊！

3 李将军乘胜刚占领宿州，就遭到了金军大规模攻击。李将军向邵将军求援，没想到被拒绝，结果两路人马都被击溃。皇上只好议和，谁知金军狮子大开口。皇上一气之下下令与金兵决战。

4 结果，新任命的前线指挥汤思退宰相根本不会用兵，连失三个州。这下，皇上不想求和也得求和了。和议很快签了，采石矶战役之后收复的海、泗、唐、邓、商、秦六州都让给金国，还要每年进贡。

　　隆兴北伐是宋孝宗赵眘在没有得到太上皇赵构及朝臣支持的情况下，由宋主动发起的战争。他起用抗金老臣，主动出击金国，显示出他意图收复山河的抱负。但宋军内部争功夺利、嫉贤妒能，不能团结御敌，最终导致北伐失败。隆兴北伐失败后，宋孝宗被迫回到议和的老路。隆兴和议降低了贡银，而后又给宋金带来 40 年的和平，为"乾淳之治"提供了稳定的外部环境。

历史小百科

宋军都训练什么？

　　宋军操练的项目很多，拳法以太祖长拳、八卦掌为主，剑术则以宋太祖创立的太祖剑为主。士兵每年以《在京校试诸军技艺格》进行考核，决定升降。军队还请武教头教授武艺。每隔三年，宋朝廷开展一次武举科目考试，主要考弓步射、弓马射、驾踏、武术及《孙子兵法》《司马兵法》等诸兵书，以录取武举人为部队增加新生力量。

你不了解的陆游

　　陆游是宋孝宗时期的进士，存世诗作高达九千多首。但你或许不知道，他还是一名剑客。陆游年轻时就立下了为国效忠的抱负，苦学剑法十年之久。一次，他随几个军官出公差时，在秦岭山中突然遇到猛虎袭击。陆游下马提剑，独自一人斩杀了猛虎。这段经历后来在军中广为流传，在他的诗歌《怀昔》中也有记载。

第六节

乾淳之治

文物档案

名　称: 南宋纸币会子用印

特　点: 为宋孝宗时期官方用印。铜质，素背，橛钮，印文叠篆，反书，三列十字，铭文为"三省户房国用司会子印"。

收　藏: 中国钱币博物馆

　　"隆兴和议"签订后，南宋国内局势趋于稳定。为了避免再次出现一相专权的情况，宋孝宗采取缩短宰相任期、还参知政事实权、加强谏官权力等措施削弱相权。他还发文警示朝野，严禁臣子结成朋党。整顿完内政后，宋孝宗又颁布一系列发展经济与民生的措施：改革纸币，为会子加官印；改革盐钞，放宽食盐专卖；轻徭薄赋，实行"灾年免赋，丰年免偿"；禁止催田赋，使"民力少宽"；设"义兵制"，实行"民家三丁取一丁"；给民兵发弓弩，鼓励农忙间隙进行操练。宋孝宗还致力于裁汰冗官，减少"任子奏荐次数"，使这一时期的恩荫人数为历代中最少。在宋孝宗的治理下，南宋经济和政治得到了长足发展，史称"乾淳之治"。

 博物馆小剧场　　**南宋内部的变革**

1 那天，作为谏官的我参了宰相一本。这要是以前，我肯定会有所顾虑。而如今皇上宣布缩短宰相任期，并且严令禁止重臣结交朋党把持朝政，这样一来，我们谏官就不怕遭到报复了。

2 一次早朝，我上奏皇上：市面上伪造的会子横行，老旧毁损的会子也很多，造成物价不稳。皇上明显很重视，没几天就与内阁商议出台了给会子加盖官印的政策。这招真高明，我提出的难题迎刃而解了。

3 为了更好地给皇上献计献策，我们谏官经常会到百姓中走访。昨天，我到邻近的县搜集民意，正好赶上民兵训练。这是朝廷新颁布的法令，男丁多的人家，每三个男丁派出一人，农闲时接受训练。这样既增加了兵源储备，又节省了军费开支。

4 一路上，听到百姓都在夸赞新上任的县令，不仅治理有方，带领大家过上了好日子，还严惩为非作歹的富家子弟，为百姓做主。靠实力出仕的官员就是比靠恩荫的强呀。

　　宋孝宗不顾及太上皇赵构的颜面，为岳飞等人平反，从情感上获得了民众的支持，也从侧面表达他对抗金的态度。他还从抗金失败中总结出内政管理方面的不足，所以采取了约束相权、防止一言堂的措施，并整顿吏治，使得整个管理机构更加清明、高效。经济方面的一系列措施，既让百姓受惠，又维护了社会的稳定。在宋孝宗统治时期，南宋进入一个相对稳定的发展阶段，人民得以安居乐业。

⊙ 历史小百科

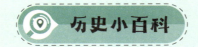

不可控的会子

　　会子始于南宋绍兴年间，是宋高宗为了弥补国库收支落差而发行的纸质货币，规定三年一界（即每三年进行一次更换或重新发行，界是期限的意思），每界发行一千万贯，每到一界用旧会子兑换新会子。刚开始时，朝廷还能控制发行数额，稳定物价。随着宋蒙战事爆发，会子发行量大增，同时市面上出现很多假会子，导致会子大幅贬值，物价疯涨。

宋孝宗靠饭局震慑朝野

　　赵昚初登基时，朝野内官员结党成风。一天，外戚张说家要办喜事，赵昚恩赐了酒肉。朝官们前往赴喜宴，唯独正直的兵部侍郎陈良翰一人缺席。张说趁机参奏陈良翰，说他连皇上恩赐的酒席都不参加，就是不把皇上放在眼里。赵昚知道张说是朋党的首领，所以不但没治陈良翰的罪，反倒给陈良翰加官晋爵。这件事挫败了朋党的锐气，自此，朝野内官员结党情况也有所收敛。

第七节

庆元党禁

文物档案

名　称：南宋石雕山形笔架
出土地：浙江省诸暨市董康嗣墓
特　点：石质，通体雕琢错落的山峦，山与山之间的低谷可放置毛笔。
收　藏：诸暨市博物馆

　　1187 年，宋高宗赵构去世。宋孝宗因无心政事，于1189 年二月将皇位禅让给第三子赵惇，赵惇就是宋光宗。1194 年，宋光宗因久病缠身难以临朝听政，在太皇太后、赵汝愚、韩侂（tuō）胄等推动下，将皇位禅让给太子赵扩。赵扩就是宋宁宗。宋宁宗继位后，只器重同为皇族的赵汝愚，这引起了韩侂胄的忌惮。庆元三年（1197 年），韩侂胄以"宗室之亲任宰相不利于社稷安定"为由，结党弹劾赵汝愚。宋宁宗只好免去赵汝愚相位，外放福州。因赵汝愚曾引荐朱熹入朝为官，韩侂胄借机谏言朱熹倡导的理学为伪学。宋宁宗听信韩侂胄等人的逸言，对理学知名人士进行清洗，并禁止理学学子参加科举考试，列《伪学逆党籍》，将赵汝愚、朱熹等五十九人定为逆党，史称"庆元党禁"。

博物馆小剧场　　朱熹的心声

1 那天，韩侂胄联合几个谏官在朝堂上弹劾宰相赵汝愚，说皇室宗亲手握大权有可能图谋更大的权力，使皇权旁落。赵相忠心可鉴，皇上能即位也是赵相的功劳，他怎么会图谋不轨呢？

2 皇上竟听信了韩侂胄的逸言，罢免了赵相。前几天，监察御史沈继祖以《十宗罪》参奏我。我是皇上的老师，常给他讲理学思想，他最了解我的为人了。然而，皇上竟然没有驳斥沈继祖的诬告！

3 我忽然想到在课堂上，皇上常因金国欺压我大宋而愤慨，有意北伐。皇上袒护韩侂胄是想指望他领军北伐啊！原来，我无形中成了皇上实现抱负的绊脚石。

4 没想到韩侂胄做事这么绝，他怂恿皇上将我和五十八名理学名家列入《伪学逆党籍》名单，把理学定为伪学，还禁止文人学儒学、理学，不许天下学理学的学子考举。唉！为实现皇上收复失地的理想，这代价也太大了吧！

庆元党禁中身为皇帝老师的朱熹是受害者，同时也是两大政治集团角逐的牺牲品。朱熹遭弹劾后，没多久便郁郁而终。韩侂胄发起的庆元党禁，是对儒家思想的一次批判，也阻碍了儒学、理学的发展。理学是以关心百姓命运为根基的思想，百姓非常认可朱熹和理学思想，虽然后来宋宁宗对朱熹等理学倡导者予以平反，但庆元党禁已经使宋宁宗失去了民心，对他后期执政产生了负面影响。

历史小百科

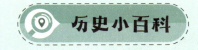

朱熹推广理学

理学是北宋周敦颐、程颢等推出的儒家新学说，而朱熹将理学发扬光大，成为被众人所认可的学说。为了简化理学好让大众接受，朱熹常扎在书堆里学习到深夜。朋友笑他在为书本加班，朱熹答道："我是在为后世的学子们铺路。"有人质疑朱熹的理学像石头一样生硬难懂，朱熹答道："我并不希望你能多明白理学，我只是希望你能在生活中找到道理。"在朱熹不懈的努力下，理学终于被大家认可，他也终成一代理学大家。

韩侂胄的结局

1205 年，韩侂胄奉命北伐。由于他对理学的打压使朝廷里很多有才学的大臣都不愿与他为伍，致使将帅乏人。韩侂胄自出家财 20 万两补助军需，以表北伐决心，才勉强挽回民心。北伐不久便因守将叛变、内部失和等问题导致出师失利。韩侂胄也在一次上朝途中，被杨皇后联合朝臣史弥远暗害。韩侂胄主导的开禧北伐就此宣告失败。

第八节

为理学平反的端平更化

文物档案

名　称：南宋御仙花金带
出土地：安徽省休宁县
特　点：金质，12 片镂空御仙花
带扣，是宋代三品及以上官员官的服腰带。
收　藏：安徽省博物院

　　1224 年，宋宁宗赵扩病逝。沂王之子赵昀（yún）在宰相史弥远与杨皇后的支持下继位，他就是宋理宗。宋理宗继位后的前 10 年，不问政事，纵情玩乐。史弥远把持朝政，排除异己，中饱私囊，加重赋税，使得南宋国力衰退。1234 年，史弥远去世，宋理宗得以亲政，改年号为端平。宋理宗开始罢黜史党，谨慎选相，还亲自管理谏官，先后任免多达 40 人；主持编撰《审刑铭》《训廉铭》，澄清吏治，反腐倡廉，规定官员贪腐与谋杀、放火同罪；通过控制取士人数、严格升迁制度等措施减少官吏冗滥；编撰《端平会计录》，设审计局，审计户部财富收支；推行朱熹著作《四书集注》，使理学成为官学，教化为官之道。宋理宗实施的这一系列改革，史称"端平更化"。

 博物馆小剧场　　拨乱反正的改革

1 我本是绍兴府旁系皇族子弟，无缘皇位。没想到先皇早逝，又没有子嗣，在史弥远的支持和帮助下，我继承了皇位。我从心里感激他，任由他执掌朝野，可他把国家弄得乌烟瘴气。

2 我发现宰相任期长了，就容易结党。我施政后，规定宰相任期为四年，让各地有才能的大臣轮流来当宰相。这虽然会导致有些政策因为换相执行得不彻底，可相比专权引起动荡，还是值得的。

3 官员贪腐严重，这也是史弥远留下的祸根。赶巧有个文官贪污税款被查出来了，正好借此杀一儆百。我顺势主持编撰出《训廉铭》和《审刑铭》，加大惩治贪腐力度。按新法，贪污等同于杀人等重罪。

4 史弥远掌权，财政也是笔糊涂账。仅军队报军功需弄虚作假这一项，国库每年就得流失不知多少银子，不行，我得设审计局，好好查查这几年的乱账。哎！史弥远乱政十年留下的烂摊子够我收拾的了。

　　史弥远从宁宗朝到理宗朝独掌相权 26 年，使南宋的综合国力受创严重。宋理宗亲政初期，试图改变朝野混沌的局面。整体来说，宋理宗实施的一系列措施在一定程度上整顿了吏治的腐败，缓和了社会矛盾。他任用了不少贤臣，并提出了治国良策，只是实行起来朝令夕改，治标不治本，所以，端平更化最终并没有挽救南宋的颓势。

📍 历史小百科

大奸臣败给了小和尚

　　史弥远是宁宗、理宗时期的奸臣。相传，史弥远要在家乡宁波寻找一块风水宝地为自己造墓，几番寻找后看中了阿育王寺。寺里一个聪明的小和尚连夜赶到京城临安，在大街小巷上贴满了诗单，上面写着一首小诗："育王一块地，常冒天子气；宰相要做坟，不知主何意。"暗指史弥远要篡位称帝。这首小诗流传开后，史弥远害怕皇上震怒，便打消了霸占土地的念头，说那是误传，才算搪塞过去了。而阿育王寺就这样保住了。

宋朝哪些职位可称为相？

　　宋朝的历任皇帝先后共进行过五次对相权的改革。皇帝之下握有最高行政权的人是宰执。宰执是宰相与执政的统称，其中宰相又称中书门下平章事，副职称参知政事，别称执政。在几次更化中，正、副枢密使与三司衙门都可行使相权，再加上太师、太傅、太保、少师、少傅、少保等二品以上虚职也被称为相，所以宋朝可称相的职位很多。

第九节

大宋最后一个奸相

文物档案

名　称：南宋蛐蛐罐
出土地：浙江省杭州市
特　点：黑陶质地，由斗罐与蛐室、食槽、固定卡四部分组成。
收　藏：南宋官窑博物馆

1234年，南宋联合蒙古军队一举消灭金国。宋理宗急于收复中原失地，不顾与蒙军达成的分地协议，私自调军入河南，结果在洛阳遭到蒙军伏击，损失惨重。1259年，忽必烈率大军攻宋，包围了鄂州。宋理宗命丞相贾似道前往鄂州前线御敌。贾似道探听到，忽必烈因蒙哥大汗突然离世欲班师回朝争夺汗位，便主动觐见忽必烈，谎称受皇上之托以优厚条件议和。之后，贾似道对外谎称忽必烈是他率兵赶走的，得到宋理宗器重，自此开启独相专权。贾似道独揽相权期间，以"经界推排法"之名加重赋税，又以"公田法"低价强买农田，使得江浙一带土地大部归他所有。1267年，大蒙古国以未收到南宋贡银为由发兵南侵，贾似道骗取功劳的行为就此败露，最后被押送官半路处死。

博物馆小剧场

专营投机的贾似道

1 我们与蒙古合作一举灭了金国，收复了东京和南京。皇上信心倍增，调我们军队进入西京洛阳，想一鼓作气把河南路的失地也收复了，没想到遭到蒙军拦截，损失惨重。

2 洛阳一战后，忽必烈率兵入侵我朝，很快攻打到鄂州。宰相贾似道受命御敌。一到鄂州，他就让我们护着他去见了忽必烈。几天后，蒙军竟然撤了。贾似道因此被皇上当成了大英雄。

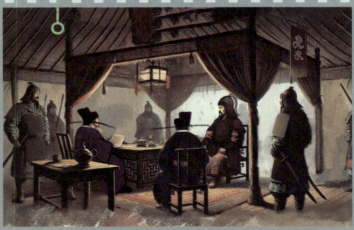

3 我退役后成了农民，本想好好种田过日子，没想到贾似道推行了"经界推排法"，细查田地亩数，凡是多出来的一律加征重税。我们辛苦开垦的几亩荒地被要求缴纳好多的税。

4 贾似道颁布的新政策允许个人购买公田，但这些田地都是官府之前兼并、强占我们农民的。贾似道是买公田最多的人，官府为了讨好他，想尽办法抢占我们的田地。这样的宰相是不想让百姓活了吗？

　　贾似道在独相专权期间，用"经界推排法""公田法"等手段剥削百姓，侵占公财，后世评价他"远超北宋蔡京"。原本，宋理宗亲政初期，实行"端平更化"频繁换相，就是为了防止独相专权，可惜他执政后期，朝廷日渐腐化，再次给了贾似道这样的奸臣祸害朝政的机会。贾似道在南宋积贫积弱严重与外有强敌的情况下，联合党羽贪腐成风，使南宋国势快速衰退，再也没有重振的机会。

历史小百科

蟋蟀宰相

　　贾似道是宋朝最后一个奸相，被认为是南宋灭亡的罪魁祸首。贾似道乃纨绔子弟出身，生活骄奢淫逸。他被贬至澧（lǐ）州做知州时，迷恋上了斗蟋蟀。朝臣曾向宋理宗上奏，赞扬贾似道亲查农耕，实际上贾似道是在田埂上抓蟋蟀。贾似道还专门编撰了《促织经》，全面论述蟋蟀的培养、挑选、训练、治疗，是名副其实的蟋蟀宰相。

南宋的土地税是多少？

　　宋朝土地按地区不同、地形不同，征收不同的土地税。同一地区的农田又分成上、中、下三等来收税，王安石变法更是把土地分成五等。在南宋的国土中，福建路泉州的土地税最高，每亩地夏税 14~24 文，秋税 1 斗 7 升 ~2 斗 2 升米；两浙路苏州最少，夏税每亩 3~4 文，秋税 7~8 升米。

第十节

艰难的襄阳保卫战

文物档案

名　称：南宋突火枪机铁弹丸

出土地：重庆市白帝城遗址

特　点：直径2厘米的实心铁丸，由突火枪发出，射程200余米。

收　藏：重庆市文物考古研究院

　　1267年，忽必烈听取了宋军降将刘整的建议，决定先取襄阳、樊城，再通过汉水进入江南直取临安。他命阿术、刘整率领大军围困襄阳和樊城。这两座城隔汉水相望，是宋朝军事重镇，兵精粮足。阿术、刘整采取了四面筑堡、长期围困、水陆阻援的策略，与宋军展开持久战。1269年，南宋朝廷派张世杰、张贵、范文虎分别率大军，由陆路和水路救援襄樊，均被蒙军击退。范文虎先后三次救援，均被蒙军阻击。1273年正月，樊城失陷，襄阳成了孤城。宋将畏战，京制置使李庭芝只好雇佣三千民兵救援，民兵用小艇给襄、樊运入极少的物资。二月，蒙军采用西域人改良的回回炮攻打襄阳城。襄阳主将吕文焕见突围无望，投降蒙军，襄阳城破。

博物馆小剧场　　艰难的襄阳保卫战

1 唉！襄、樊二城被围困五年了。听说，之前临安来的好几批禁军救援襄、樊，都被蒙军挡回去了，还损失了几万军士。蒙军太勇猛了，他们水陆相连的堡寨更是坚固难攻。

2 我们首领张顺和张贵受李庭芝大人的雇佣，接受了支援襄、樊的任务。张顺让人把船三只三只地用铁链连上，中间船上坐着我们这些民兵，两边的船去掉船底，把粮食、布匹绑在船舷上。

3 那天夜里，我们一百艘小船在夜幕掩护下出发，但没多久就被蒙军发现了。幸亏我们两边的船没有底，企图跳上船的蒙军都掉进了水里。我们用大斧砍断两船间的铁索，突破了包围圈。

4 把物资运进襄阳城后，我们民兵和城内的将士一起守城。我们亲眼看见，蒙军研发的新式武器"回回炮"几下子就把襄阳城的城墙炸穿了一个大洞，大家都绝望极了。为了保护城内百姓，主将投降了。

　　襄阳保卫战打了六年，作为大宋宰相，贾似道不仅与忽必烈私下和谈，还隐瞒战况，消极抵抗。宋军虽多次救援，但主将畏战，不敢奋勇杀敌，只能靠人数有限的民兵团队支持襄阳。在这场战斗中，蒙军的强悍与计谋都发挥得淋漓尽致，新式武器的加入也成为左右战局的最大变数。襄、樊城破，意味着江南门户大开，南宋从此再无屏障，灭亡就此步入倒计时。

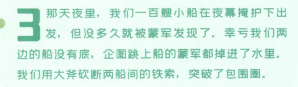

历史小百科

现代步枪的鼻祖：突火枪

　　南宋理宗时期，寿春（今安徽寿县）人发明了突火枪。该枪以粗竹筒作枪管，竹壁上开一小小的点火孔，枪管内填充火药，枪管后段有木棒作为枪把。发射时，木棒支地，点燃引火，靠火药爆炸产生的推力把子窠发出，子窠为瓷片、铁丸或是石子，最大射程可达 200 多米。1260 年，蒙古军队攻打叙利亚时，突火枪被阿拉伯人缴获后传入欧洲，逐渐演变成现代步枪。

威力巨大的回回炮

　　回回炮又名襄阳炮，是在宋蒙襄樊之战中，首次出现并使用的攻城武器。它是由西域人阿老瓦丁发明的，因为阿老瓦丁是信奉伊斯兰教的回回人，所以该武器被称为回回炮。回回炮是一种加强版的投石器，利用杠杆原理，能把重达一二百斤的巨石抛射出 200 余米，对敌军城墙造成巨大损坏。

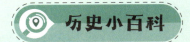

第十一节

南宋的最后一战

文物档案

名　　称：元朝铜炮
出土地：南海水域
特　　点：长80厘米，口径20厘米，可发射石头和铁蒺藜。
收　　藏：天津海洋博物馆

　　1276年，在元军大规模的合围下，南宋都城临安陷落。后宫杨淑妃带着两个小皇子赵昰（shì）和赵昺（bǐng）逃出临安。在金华，朝臣陆秀夫、张世杰、陈宜中、文天祥拥护赵昰为帝，组成流亡小朝廷。1277年，赵昰在逃亡中染病驾崩，7岁的赵昺即位。1279年二月，10万宋军护送赵昺来到珠江支流西江的出海口崖山。元将张弘范堵住了出海口，张世杰见元军人数不多，想在此与元军决一死战。他把战船用铁索相连，意在形成堡垒。张弘范借机施策，断了宋军的水源，使宋军无房住、无水饮，很快军心涣散。之后，张弘范借助潮汐发起总攻，宋军舰队很快被冲散，赵昺的战舰因有锁链牵制被围困。陆秀夫见无法突围，背着赵昺投海自尽。十万余军民也跟着投海殉国，南宋灭亡。

🔘 博物馆小剧场　壮烈的崖山海战

1 我指挥的海舰被选作皇船，小皇帝和流亡朝廷都在我的船上。张世杰元帅将我的大船安置在舰队正中，又用铁链将每一排战舰相连。舰队形成了堡垒，阻挡了元军多次进攻。

2 元军舰队刚到崖山港时，我曾建议元帅先抢占出海口，这样即使战败仍有退路。张元帅不听，烧毁了岸上的房屋，要背水一战。好吧，追袭我们的元军不多，也许拼死一搏说不定真能全歼追兵。

3 元军突然发起进攻，我赶紧命令舰队前进迎敌。元军却借助水势，用小型火船快速点燃了我军海舰，冲散了舰队。我们的海舰被包围了，宰相陆秀夫背着小皇帝跳海了！

4 我赶紧带人跳海去救皇上和陆相，可陆相看着周围蜂拥而来的敌舰，说："就算死也不做亡国奴！"坚决不让我们救援。其他海舰上的官兵与家眷见皇上与我们都跳了海，也纷纷跳海殉国。十万余大宋子民啊！

　　崖山海战是宋朝的谢幕战，张世杰的错误指挥使宋军在我众敌寡的情况下，仍遭受了灭顶之灾。崖山海战，10万军民跳海殉国，展现出宁死不做亡国奴的大无畏气概。而元将张弘范的审时度势、运筹帷幄，表现了高超的指挥才能。被俘虏的文天祥目睹了整个海战过程，之后在狱中他写下《正气歌》，歌颂了不朽的民族气节。

🔍 历史小百科

文天祥与五棵树的故事

　　文天祥小时候被父亲送去侯城书院读书。书院墙上挂着欧阳修、杨邦乂（yì）、周必大、胡铨的画像。父亲给文天祥讲了四人的故事。文天祥被他们忠义、坚贞不屈的精神感动，当即要父亲买来五棵柏树苗种在书院门口，其中四棵代表那几位先贤，第五棵代表他自己。在这样的鞭策下，文天祥成为一位忠心报国的状元宰相。

张弘范的制胜之招

　　元将张弘范将南宋舰队堵截在喇叭形的出海口内，几次进攻，都被击退。一天，张弘范到海边散步时，听到两个渔妇的对话。一个问："为什么你每次都打那么多鱼？"另一个答："我是涨潮时出海的，鱼自然多；你是退潮时出海，鱼肯定少。"张弘范茅塞顿开，第二天便选择涨潮时发兵，借助海水的推力大破南宋舰队。

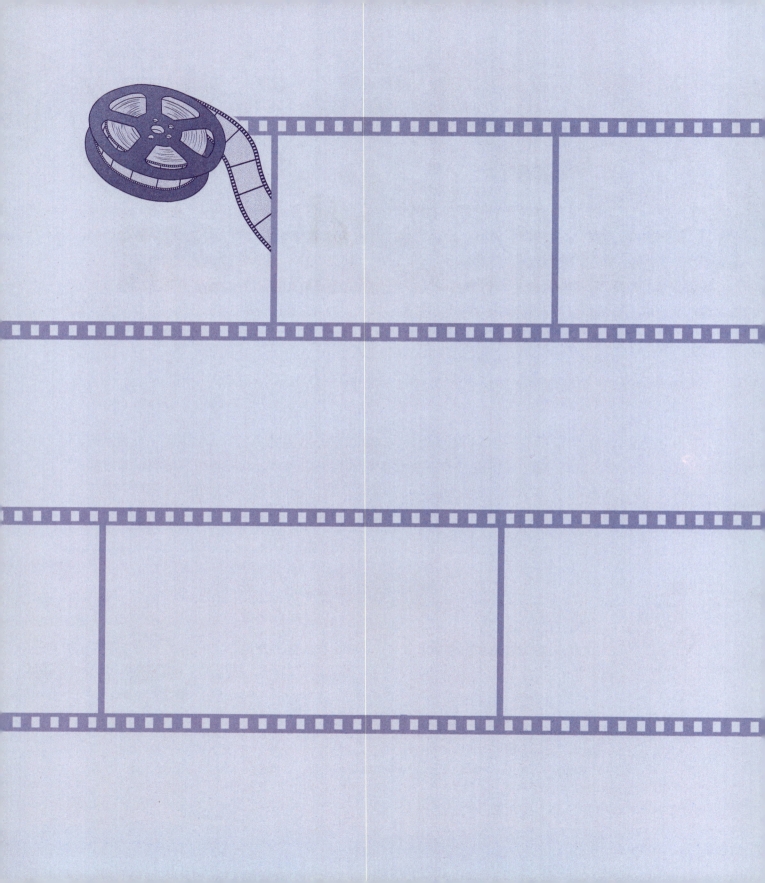

第六章

从草原上走来的元朝

第一节

铁木真统一蒙古各部

文物档案

名　称：成吉思汗圣旨银牌

出土地：河北省廊坊市

特　点：银质，正面刻有"天赐成吉思皇帝圣旨疾"，背面刻有同义蒙文，上錾虎头饰。

收　藏：中国国家博物馆

铁木真的父亲也速该是蒙古族部落乞颜部的首领，铁木真在父亲被人毒死后开始积聚力量，年纪轻轻就立下了不少战功。1189 年，乞颜部贵族联盟推举铁木真为汗。1196 年，金国以平叛有功为名，封克烈部首领脱里为"王汗"，同时授给铁木真官职，使他们在各部落贵族中提高了威望。

从 1200 年起，铁木真会同王汗先后在斡难河畔击败了泰赤乌部，在额尔古纳河畔击败了扎答阑部，在纳忽昆山击败了乃蛮部并灭掉其首领太阳汗，兼并了残余的蔑儿乞部等中小部落。1203 年，王汗父子设计击败了铁木真。几日后，铁木真偷袭正在办庆功宴的王汗，使得蒙古所有部落都臣服于他。1206 年，蒙古各部在斡难河源头召开贵族、首领大会，铁木真被尊为"成吉思汗"，建立大蒙古国。

博物馆小剧场 蒙古部落的统一之路

1 我作为一名乞颜部战士，跟随铁木真汗和克烈部的脱里配合金国军队，围歼了反叛金国的塔塔儿部，杀死了他们的首领。金国皇帝特别开心，封脱里为"王汗"，封铁木真汗为"札兀惕忽里"统领。

2 铁木真汗的目标很明确，就是统一蒙古各部。我们定的下一个目标是歼灭太阳汗的部落。临行前，铁木真汗又强调了军纪 胜利时不能贪抢财物，战斗中不得因为害怕乱了阵脚。

3 那天，我收到密报，说王汗要在儿子的订婚宴上对铁木真汗下手。我赶紧把这份密报交给了铁木真汗。可是由于准备不充分，我们还是被王汗的大军打败了。在班朱尼河畔，看到大家喝河里的泥水时，铁木真汗发誓一定要打败王汗。

4 几日后，王汗因为赶走了我们，领着各部贵族在折折运都山饮酒庆功。这是个好机会，铁木真汗当即领着我们杀了回去，打了王汗一个措手不及。哈哈！我们活捉了王汗。

铁木真9岁的时候父亲就去世了，他被寄养在义父家里。他机智又勇猛，成年后很快在部落战争中崭露头角。铁木真命运的转折点是带兵平定了塔塔儿部的叛乱，这使得他受到金国册封，得到号令蒙古部落的权力。他与王汗一起收服了草原各部落，最后又战胜王汗，统一了蒙古草原，这为他最终建立横跨亚欧大陆的帝国打下了基础。

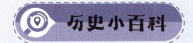

历史小百科

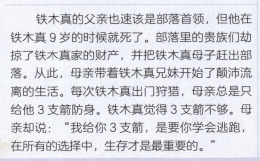

铁木真与3支箭的故事

铁木真的父亲也速该是部落首领，但他在铁木真9岁的时候就死了。部落里的贵族们劫掠了铁木真家的财产，并把铁木真母子赶出部落。从此，母亲带着铁木真兄妹开始了颠沛流离的生活。每次铁木真出门狩猎，母亲总是只给他3支箭防身。铁木真觉得3支箭不够。母亲却说："我给你3支箭，是要你学会逃跑，在所有的选择中，生存才是最重要的。"

成吉思汗圣旨银牌

元代地域辽阔，多民族聚集，牌符繁多，主要有身份牌、令牌、驿牌三种。圣旨牌属令牌，有金牌和银牌两种，是传达皇帝敕命的重要凭证，也是大蒙古国时期与大元时期符牌中最高级别、皇帝专用的符牌。成吉思汗时期的圣旨牌除国家博物馆收藏的这件外，在内蒙古清水河县还发现一八思巴文圣旨银牌，在索伦镇发现一八思巴文圣旨金牌，此外，俄罗斯还藏有3枚，日本藏有2枚。

第二节

铁木真率兵西征灭夏

文物档案

名　称：西夏瓷蒺藜

出土地：宁夏回族自治区灵武市磁窑堡

特　点：表面密布瓷钉，战斗中扔置于地面，战马踩踏后会翻倒。

收　藏：宁夏银川西夏博物馆

成吉思汗统一蒙古各部落后，采取了"先弱后强"的对外扩张策略，首先攻打经济发达、军事却很弱的西夏。1205年，蒙古军进入西夏，攻占了力吉里寨、落思城。1207年，攻占兀剌海城。1209年，成吉思汗率大军亲征西夏，遭遇西夏太子的抵抗。然而，面对蒙古铁蹄，西夏军队没有招架之力，很快被击溃。成吉思汗再次进攻兀剌海城时，本想引黄河水灌城，没承想河水倒灌，使蒙军遭受损失。成吉思汗只好接受西夏纳贡议和的请求，草草撤军。1218年，成吉思汗亲自率兵攻打至西夏都城中兴府城下，夏神宗仓皇逃跑，不久派使臣给成吉思汗递上降书，表示愿意称臣，蒙军撤退。1224年，成吉思汗再次进军西夏，攻占了银州。1227年，蒙军攻下中兴府，西夏末代皇帝被俘，西夏灭亡。

博物馆小剧场 | 灭亡西夏记

1 我用5年时间统一了辽阔的北方草原各部，我的勇士如此骁勇善战，应该享受更富饶的草原与良马。金国相对强大，而西夏国经过几次与宋朝的战争军力正弱。所以，我决定先拿下西夏。

2 这几年，我率大军踏入西夏，掠夺军需简直如入无人之境。上次攻打兀剌海城，要不是我手下谋士错误判断了地势，导致黄河水倒灌殃及我军，西夏主力军早就全军覆没了。

3 上次征讨，西夏王和我议和，主动向我称臣，可我为防御金国向他征兵补充兵力，他连理都不理。好家伙，你不仁别怪我不义。这次入夏境，一不做二不休，我直接拿下了银州，志在直取中兴府，占领整个西夏。

4 眼看要拿下西夏了，我却染上了伤寒。我嘱咐四个儿子，占领西夏后一切按新颁布的《大扎撒》行事。如果不用法度约束我这帮儿郎，万一屠城，西夏先进的火器技术就没了。

　　1205—1227年，铁木真先后6次掠夺性攻打西夏。西夏在宋哲宗时期进行的平夏城之战中元气大伤，一直没恢复过来，再加上铁木真率领的蒙古骑兵异常彪悍，使得进攻西夏基本没遇到太大的阻碍。蒙军占领西夏后，获得了大量的财富与先进技术，为蒙军要进行的灭金行动提供了经济基础。缴获的大批西夏良马和俘获的西夏士兵，都为蒙军部队提供了有效的补充，进一步增强了蒙军的战斗力。

历史小百科

世界上最大的宝藏

　　铁木真戎马一生，建立了东起库页岛西至多瑙河畔的大蒙古帝国，掠夺财宝无数。1227年，他死在了征讨西夏的途中。铁木真墓葬被认为是世界上最大的宝藏，具体在哪儿至今仍是未解之谜。史料记载，铁木真被葬在了蒙古草原的某处，当年参与埋葬的人被殉葬，只有一头在墓旁失去幼崽的母驼能够带领皇族前往祭拜。母驼死后，墓地位置便再也没人知晓。

阻敌神器 —— 蒺藜

　　铁蒺藜是三国时诸葛亮发明的一种专门减缓敌军马队行进速度的武器，它因形似海胆般的草本植物蒺藜而得名。因为它体表覆盖钉刺，将它撒到地面上，可扎伤奔驰的战马马蹄，从而削弱骑兵的战斗力。而身处西北地区的西夏国，因为铁矿稀缺，便发明瓷质蒺藜代替铁蒺藜。在蒙夏战争中，瓷蒺藜给彪悍的蒙古骑兵制造了不少麻烦。

第三节

蒙古联宋灭金

文物档案

名　称：蒙古骑马武士俑

出土地：陕西省贺氏家族墓

特　点：俑头戴圆形头盔。后梳双
辫垂肩，腰挂长刀。

收　藏：西安鄠邑区钟楼博物馆

1211 年，成吉思汗以替祖先复仇为借口，率大军攻金。野狐岭一战，蒙军全歼金兵 30 余万，"死者蔽野塞川""金人精锐尽没于此"。1214 年，金宣宗宣布迁都开封（北宋时称东京），并在开封城所在的河南路修建了非常严密的防御工事。1226 年，成吉思汗在临终前定下了"若假道于宋，宋金世仇必能许我"的战略方针。窝阔台于 1230 年、1231 年两次派使臣入宋境商谈合作攻打金国，最后达成协议。之后，蒙将拖雷率兵从河南路东侧入宋境，宋将桂如渊为其提供粮草和向导。1232 年，宋蒙联军攻打开封，宋军取邓州、中州、唐州，断了金哀宗后路。孟珙、江海率忠义军为蒙军送 30 万石粮食，助其攻打蔡州。1234 年，宋蒙联军攻破蔡州，金哀宗自缢，金国灭亡。

博物馆小剧场 **联军灭金记**

1 金国一直欺压我们蒙古人，我父汗铁木真在世时，最想收拾的就是金国。父汗与大将木华黎还有我四弟拖雷在野狐岭大败金军，一举消灭了金国 30 余万精锐。金宣宗仓皇逃到了开封城。

2 开封城原是大宋都城，防御工事完备，又背靠大宋，我们进攻多次都无功而返。父汗临终嘱咐我联合与金国有世仇的大宋一起攻打金国。我窝阔台称汗后，便派出使节联系大宋。嘿！一拍即合！

3 我亲率大军借道宋境，很快瓦解了开封城周边的防御，金宣宗又逃到了蔡州城。我军追到蔡州城下，筑垒围城。宋将孟珙给我们送来30万石粮食。大宋真够意思！我军围困蔡州城已经4个月了，听说，城里早就缺粮了。

4 哈哈！这半年没有白努力，我们终于攻破蔡州城了，金国灭亡。宋将孟珙和他带来的两万运粮忠义军也参加了这场战斗，我敬佩他们的英勇，分配战利品时，给了他们大部分。

　　铁木真在几次灭金行动失败后，定下了联宋灭金的战略，可见其非同一般的谋略。蒙古联宋灭金，使得蒙古最终消灭了金国这个强敌，为统一中原做好了准备。对于南宋来说，为蒙军提供粮草，两面夹击攻克蔡州，迫使金哀宗身亡，终于让百年"靖康之耻"得以洗雪。但是没有了金国的缓冲，宋军将直接面对强大的蒙古，可谓是刚送走了狼又迎来了虎，南宋灭亡已经提上日程。

历史小百科

成吉思汗憎恨金国的根源

　　成吉思汗建立大蒙古国之前，蒙古族各部落都在金国的统治之下。金国不但长期剥削、压榨蒙古人，还时刻提防蒙古人造反。为了削弱蒙古族势力，金国实行减丁政策，每年分地区、部族随机屠杀蒙古小贵族、牧民与奴隶，用以震慑蒙古人。而成吉思汗的祖先俺巴孩汗就是这样被金人屠杀了。而这也成为成吉思汗正式攻打金国的理由之一。

南宋时期的炸弹铁火炮

　　铁火炮也叫作震天雷，外壳用生铁打造，内部中空，有小孔，由此装入火药再设引线。使用的时候，先根据被打击目标的远近，设定好引线的长短，引线点燃后迅速由抛石机抛出，是威力巨大的武器。在宋人曾公亮所著的《武经总要》中记载有详细的制作方法。后来宋周边国家也陆续学会了制作铁火炮，还对其进行了改良。

第四节

忽必烈建立元政权

文物档案

名　　称：元代六瓣型铁盔

出土地：内蒙古自治区通辽市青龙沟

特　　点：铁质铆接盔，有帽檐，帽顶上有缨管，蒙古将领的头盔。

收　　藏：内蒙古博物院

1259 年，蒙哥大汗在伐宋途中驾崩。征战途中的忽必烈接到密报：他的弟弟阿里不哥要在和林称汗。忽必烈立即撤兵回到燕京（今北京），随即在开平召开蒙古各部贵族大会，发布《皇帝登宝位诏》，先于阿里不哥宣告登基。阿里不哥得到消息后在和林也匆忙宣布登基。为防止阿里不哥的攻击，忽必烈快速组建了怯薛军，并设十路宣抚司各地征兵。1260 年末，忽必烈阻击了阿里不哥的来犯，并派大将廉希宪消灭了阿里不哥的支持者浑都海等部。1262 年，漠北发生饥荒，忽必烈趁机收复和林。1264 年，阿里不哥驻地阿力麻里也发生饥荒，阿里不哥向忽必烈投降。1271 年，忽必烈将大蒙古国改为"大元"，实行帝制，他就是元世祖。

博物馆小剧场　残酷的兄弟之争

1 阿里不哥也太肆无忌惮了，蒙哥大汗刚去世，他的哥哥忽必烈还在前线奋战呢，他却想着赶紧称汗。阿里不哥私自任命断事官，把他派遣到我们这里来征兵，我正想怎么帮忙拖延时间呢，忽必烈就赶回来了。

2 忽必烈管理我们京兆地区时，把这里治理得很好，我们都尊称他为"圣王"。听说圣王要建立怯薛军作为禁卫军，我们都积极报名参加。阿里不哥竟然想与战功赫赫的圣王争汗位，实在是自不量力。

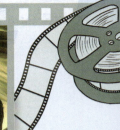

3 圣王称汗了，发布了诏书昭告天下。阿里不哥居然也称汗了，还来攻打我们，结果被赶跑了。忽必烈大汗化被动为主动，派我们随廉希宪将军铲除了支持阿里不哥的浑都海和阿蓝答儿部。

4 全国发生了大规模饥荒，我们在忽必烈大汗的率领下，就势拿下和林，把阿里不哥赶到了阿力麻里。不久前，阿力麻里也发生了饥荒，士兵都逃得差不多了。阿里不哥只好投降了。

　　忽必烈从幼时起，就深受汉文化影响，这为他招募汉人谋士打下了思想基础。在汉人谋士郝经等的协助下，他成功回朝登基，快速组建军队，一步步削弱阿里不哥的势力，最终实现了全国的统一，并彻底改变了蒙古国的旧制，建立了帝制。忽必烈与阿里不哥的纷争，实际上是蒙古部革新势力与守旧贵族间的斗争，而忽必烈最终获胜也是历史进步的必然趋势。

历史小百科

忽必烈与涮羊肉

　　涮羊肉是我国特有的一种美食，是由忽必烈发明的。在一次战斗间隙，忽必烈忽然想吃家乡的一道菜——清炖羊肉，便叫火头军来做。还没做好，敌军突然来袭，将士们纷纷披挂上阵。火头军急中生智，把羊肉切成薄片在锅里涮几下，又撒上盐夹给忽必烈吃。那天，蒙军取得大胜，晚上忽必烈点名要吃这道菜，自此涮羊肉便流传下来。

元朝名称的由来

　　中国古代王朝的名称大部分来源于封地或起事地点，少部分则以姓氏命名。元朝的名称是忽必烈亲自命名的，来源于《易经》中"大哉乾元，万物资始，乃统天"，意思是"伟大的天的元气，为世间万物提供了初始的资源，乃至天体也被它控制着"。从王朝命名，可以感受到忽必烈是文武全才的皇帝，同时也体现出他对汉文化的重视。

第五节

元朝实现全国统一

　　从成吉思汗开始，蒙古先后灭掉了辽、西夏与金国。南宋是蒙军要征伐的最后一个对象。1260年，忽必烈派郝经入宋商谈和议，贾似道害怕假传圣谕议和的事情败露，将郝经软禁了起来。1268年，忽必烈以南宋不履行和议为借口，命阿术、刘整率大军包围襄阳和樊城，同时积极操练水军，研发威力巨大的"回回炮"。1273年，元军攻克了襄阳和樊城。1276年，元军攻占了临安城。1279年，元军在崖山外海消灭了南宋小朝廷，南宋灭亡。至此，忽必烈实现了自唐朝以来中国版图的再次统一。之后，忽必烈在占领区任用当地人进行治理，还全力恢复社会秩序，并推动农业生产。

🔍 博物馆小剧场　　六一统之路

1 主帅忽必烈着急回撤，好先于阿里不哥夺下汗位。宋相贾似道来议和，主帅留下郝经大人洽谈细节。我军在边境待命等郝大人消息，等了半年也没动静，开平却传来让我回去参战的命令。

2 忽必烈大汗即位后，给我们下达的第一个任务是消灭驻守青居的乞台不花部，乞台不花是阿里不哥的支持者。我军成功收复了青居，其他兄弟部队也是捷报频传，阿里不哥最终投降了。

3 内乱平定后，灭宋被提上日程。郝经大人一去不返，与贾似道谈好的和议南宋压根儿不承认。大汗便借这一理由攻打宋朝。我们用了十年时间才收服宋朝，也终于找到了被无辜关押的郝大人。

4 大宋拿下了，现在周边没有大国对我们构成威胁了。出乎意料，大汗论功行赏时并没让我治理富饶的宋地。宋地还是由当地投降的宋官治理。谋臣们说这样有助于恢复生产。

　　忽必烈建立元朝后，终结了大宋政权，实现了中国自唐朝以来的再次大一统。他让部下向北宋大将曹彬学习，攻克江南却不杀戮，使蒙军一改残暴嗜杀的形象，促进了宋将士的陆续倒戈。他实行劝农政策，任用当地官员治理地方，有助于社会回归正轨，恢复农业生产。全国统一后，忽必烈采取的一系列汉化政策，使南方各地快速恢复生产，战后经济得以有效复苏。

 **历史小百科**

八思巴与蒙古新字

　　13 世纪之前，蒙古族没有自己的文字，他们把回鹘文稍做改动，称作回鹘式蒙古文。忽必烈统一全国后，命国师西藏萨迦法王八思巴创造蒙古新字。八思巴用 6 年时间创作、修改、完善蒙古新字，俗称"八思巴文"。八思巴文由 41 个字母构成，是一种拼音文字，但由于元朝统治时间较短，蒙古新字未能大范围流传，因此现在的蒙文依然是回鹘式蒙古文。

成吉思汗及其子孙占领的地域有多大？

　　1206 年，铁木真建立大蒙古国。从 1219 年铁木真率军西征，到 1260 年他的孙子旭烈兀在波斯地区建立伊利汗国，蒙古骑兵的铁骑占领了亚欧大陆三千多万平方公里的疆域。国土面积东起朝鲜半岛，西至波兰、匈牙利，北到北极圈，南到爪哇中南半岛。

第六节

忽必烈统治下的元朝

文物档案

名　称: 元代中统元宝交钞钞版

出土地: 辽宁省黑山县胜利乡烂泥泡村

特　点: 铜质,版面刻有交钞面值,"中统"为忽必烈建立元朝时的年号。

收　藏: 锦州市博物馆

　　忽必烈统一全国后,为了更好地治理国家,"尽得天下豪杰而用之",采纳各族大臣谏言,沿用汉法、金法进行改制。在军政方面,按中原的框架建立政治机构,设行中书省、澎湖巡检司,开发了云南省;实行兵民分治和南北分治,设通政院,建驿站,加强中央对地方的管理;设立御史台,纠正百官的错误;加强民族交往和中外交流。在推动经济发展方面,忽必烈命人编著了《农桑辑要》,指导农桑业;建劝农司、利农司,明确官员的劝农奖惩措施,严禁强占农田、废耕为牧;在江南推广棉花种植;大力发展漕运,开凿了会通河和通惠河,使南北大运河贯通,连接了五大内陆河水系;推广中统元宝交钞纸币,禁止使用铜钱,使货币兑换走向银本位。

博物馆小剧场　　蒙古族统治下的汉人生活

1 我们青州府原来的府衙,现在叫行中书省衙门。虽然名称变了,但管理方式和流程与之前没什么区别。皇上不仅让汉人管汉人,还沿用了宋朝的制度,让我们的生活几乎和以前一样,没什么障碍。

2 现在我最愿意往大都运货,因为朝廷新开凿的会通河刚好从我们山东行省经过。以前运输棉花,就算走驿道,到京城也要赶五六天马车。现在走会通河漕运,两天多就到了,省钱又省时间。

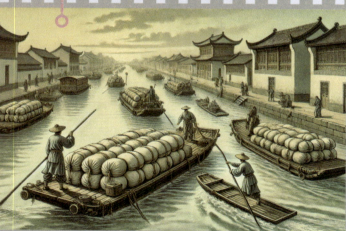

3 皇上出台了很多利农政策，还颁布了《农桑辑要》，指导改良农作物品种，使得我家地里的农作物产量比以往提高了不少呢。因为棉花大丰收，我每天都需要往货船上装运。

4 现在做生意太方便了，货物运到京城，收货的商人直接用交钞付钱，携带起来非常方便。如果想把交钞兑成银子，回自己行省的行用交钞库，随时都能兑换。

　　忽必烈建立的元朝，是中国历史上第一个由少数民族统治的多民族大一统帝国。忽必烈任用各民族官员，认真听取治国良策，以汉法治国，以农桑为国家经济基础，为战乱后的社会政治、经济复苏做出了巨大的努力。他命人开凿运河连接水系，使南北技术和物产交融，同时让南北经济实现了同步发展。交钞纸币的发行，在一定程度上促进了经济的发展。

🔍 历史小百科

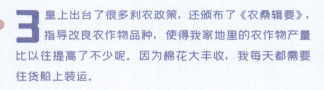

元世祖为何要发行纸币？

　　元世祖忽必烈发行纸币是汉臣刘秉中的主意。刘秉中作为宰相，奉命创建各种制度。发行货币时，他考虑到全国疆域广阔，金银或是铜钱长途运输很不方便，便提出发行易于携带的纸币——交钞。交钞发行时，实行准备金制度，人们拿着交钞可以随时到国库兑换相应面值的银子。

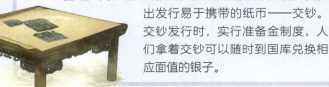

纺织专家黄道婆

　　黄道婆是元朝松江人，早年因不堪婆家虐待流落到崖州当了道姑。在崖州，她学会了黎族人的先进纺织技术。回到松江后，黄道婆发现当地的纺织技术落后，于是便把黎族人的纺织技术与当地技术相结合，发明了棉花脱籽机、脚踏三锭棉纺机，改良了弹棉机。黄道婆对促进长江流域棉纺织业和棉花种植的迅速发展起了重要作用。后人赞誉她的功绩为"衣被（pī）天下"。

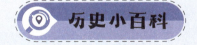

第七节

权力动荡的天历之变

文物档案

名　称：元代至顺三年青铜炮

出土地：北京市房山区云居寺

特　点：元文宗时所造，炮膛填充火药，引爆后可发射石子和铁弹丸。

收　藏：中国国家博物馆

　　元英宗硕德八剌是元朝第五位皇帝。他在祖母去世后得以亲政，但因为颁布裁减冗官等新政，触犯了守旧派的利益，最终遭权臣铁木迭儿的义子铁失刺杀而亡。铁失拥护晋王也孙铁木儿即位，就是泰定帝。泰定帝只做了 5 年皇帝便病逝。之后，元武宗的次子图帖睦尔在众人的拥护下即位，他就是元文宗。元文宗即位之初，即爆发了激烈的"两都之争"。两都之争以元文宗的胜利告终，但元文宗却以"兄弟盟约"为由，突然禅位给哥哥和世㻋（là）。和世㻋就是元明宗。元明宗即位后，图帖睦尔仍然掌管大权，但很快他不满足只做一位亲王，设计谋杀了元明宗，复位又当了皇帝。就这样，元明宗刚刚做了几个月皇帝，就被杀害了。这一事件史称"天历之变"。

 博物馆小剧场　元文宗的心声

1 父皇当年和叔叔爱育黎拔力八达有个约定"兄弟叔侄，世世为帝"。可是叔叔去世前没有按照约定让我的兄长和世㻋即位，反而让他的儿子硕德八剌做了皇帝，还把我们兄弟流放了。

2 令我欣慰的是，我这位堂弟亲政后发布了一系列裁冗官、正法度等良策。只是没想到，新政还没实施呢，他就被大臣铁失谋害了，这还让皇位落到了别人家，这真的不能忍了！

3 大臣燕帖木儿说要扶持我称帝，我没多想就同意了。没想到，丞相倒剌沙也拥立泰定帝的儿子阿速吉八称了帝。一个国家怎么容许有两位皇帝呢？好在经过几次鏖战，我终于消灭了倒剌沙一伙儿。

4 我突然想到了我的兄长，便按"兄弟盟约"把皇位让给了他。可是，尽管大权在握，亲王的感觉和皇帝完全不同，我突然好想拿回皇位。我最终对自己的兄长痛下了杀手……

元成宗去世后，由于没有子嗣，引发了一场一朝三帝、弑兄夺权的闹剧，也使得颇有作为的元英宗英年早逝。而弑兄的元文宗，虽然拥有文治兴国的抱负，却在 29 岁即郁郁而终。天历之变是元朝皇族统治的转折点，自此，皇帝成为统治象征，政权掌握在拥有私人武装的权臣手中，宗室权势也不复存在。

历史小百科

两都之争

1328 年七月，泰定帝病逝，丞相倒剌沙为独享大权不肯立新帝。大都枢密院事燕帖木儿趁机立元武宗次子图帖睦尔为帝。倒剌沙获悉后，在上都拥 9 岁的皇子阿速吉八即位。八月，倒剌沙兵分多路攻打大都，燕帖木儿在大都周边收编散兵，聚集在一起，逐个击败来自上都的各路人马，后又获得了贵族齐王部的协助。最终，大都方获胜，上都政权瓦解。

元朝最有才华的皇帝

元文宗自幼在汉地长大，受汉文化熏陶很深，不但能读汉文，还有诗作留世。他还擅长绘画，在受封于江陵时，曾命画家房大年绘制大都的万寿山。房大年推辞说没见过万寿山画不出，元文宗就给房大年勾画了个万寿山的轮廓，让房大年依此作画。

第八节

民族歧视的等级划分

文物档案

名　称：元代色目人俑
出土地：西安市南郊西北大学
特　点：人物前额突出，头顶光秃，脑后留发，络腮胡须。身穿短袄，腰系绳状粗带，足蹬靴子。
收　藏：陕西历史博物馆

　　1333 年，元文宗图帖睦尔病逝，他的侄子妥懽帖睦尔继位，就是元惠宗。元惠宗即位初期，丞相伯颜把持朝政。伯颜实行更加强硬的排汉政策。元朝的统治者将百姓分成不同的等级对待：蒙古人与色目人为享有特权人种，汉人（淮河以北的汉族人、契丹人、女真人等）与南人（原南宋境内以汉族为主体的各民族人）是无特权的普通人。元政府对待特权阶层，从科举、赋税到刑罚等方面都实行宽松的政策，对待普通人则十分苛刻。伯颜掌权后，规定享有特权的人种与汉人或南人发生冲突时，汉人和南人只能忍受不能反抗，并且禁止汉人和南人学习享受特权的人种的文字、语言。在官场上，严格限制汉人和南人做官的权限；汉人和南人不允许有任何具有攻击性的武器，甚至连铁质的农具都属于违禁品。

博物馆小剧场　　不公平的等级制度

1 唉！这朝廷对汉人越来越不公平了。那天，旁边色目人的村子来了伙唱杂曲的，我跑去看戏，还有几个汉人也在。结果被衙差看到了，说我们几个聚众想叛乱，打了我们。

2 我上衙门讨说法。结果县令是一个色目人，不仅不为我主持公道，还把我关押了起来。幸亏行省新来的大人是汉人，为我伸了冤。要知道，科举考试让汉人当官的机会少之又少！我真的太幸运了！

3 没过几天，我们村一户村民被衙差带走了。因为家里缺粮，他和几个蒙人村民一起偷了官仓里的粮食，被抓住了。按律，汉人村民挨了五十大板，脸上被黥了面，而那几个蒙人连抓都没抓，直接放走了。

4 因为运货不方便，邻居偷偷买了一匹马用来拉车。县令的儿子看到了，直接抢走了马，还威胁说，如果不给就告诉监视我们的探马赤军。一旦被探马赤军知道，按叛逆处置，命就没了。

　　元惠宗时期对民众更为明显的等级划分，强烈伤害了各民族间的感情，使民族对立日益严重。在法制上的区别对待，产生许多不公平的错案，激发了汉人的强烈不满。在科举上的区别对待，使有才能的人被拒绝在仕途之外，对国家治理与社会进步产生了不利影响。等级划分破坏了国家长久的团结与稳定，也为后期全国范围的农民起义埋下了隐患。

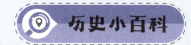

历史小百科

色目人是什么人？

　　元朝时的色目人主要是指我国古代西北地区各民族，以及来自中亚、西亚、东欧等地的人，如回鹘人、党项人、钦察人、波斯人、阿拉伯人等。色目人之所以在元朝地位很高，是因为他们在蒙古扩张初期归附得比较早。尤其是蒙古西征欧洲时从西亚、东欧等地带回来的工匠能人，甚至士兵，在忽必烈建立元朝的过程中起到了举足轻重的作用，所以获得了元朝统治阶层的重视。

刀削面的由来

　　相传元朝时，为防止百姓造反，规定每十户用一把菜刀，菜刀由蒙户保管。一天，山西有户汉人家想吃面，便到蒙人那里取菜刀，谁知，刀被别人家借走了。回家后，一锅水烧开了，已经来不及做面条了，老汉就把面放到板子上，用从门口顺手捡的铁片往锅里削面，做成的面吃起来味道竟然很好。这就是最早的刀削面。

第九节

元朝末年群雄并起

元惠宗执政初期，奸相伯颜把持朝政，实行排汉政策，使得社会矛盾日益尖锐，最终各地纷纷爆发农民起义。1341 年，元惠宗铲除伯颜势力后亲政，在丞相脱脱的协助下，推出"至正新政"，使得社会趋于稳定。1344 年，脱脱病退，元惠宗受到哈麻等人鼓动，荒于朝政，使元朝再次步入颓势。这一年开始，全国范围自然灾害频发，黄河决口，饥荒四起。1351 年，颍州白莲教的韩山童、刘福通打着"重开大宋之天"的旗号率众起义，起义军头扎红巾，号称"红巾军"。一时间，白莲教信徒徐州的彭大、赵均用，濠州的郭子兴、朱元璋，蕲水的徐寿辉、彭莹玉等纷纷起义响应，红巾军人数很快达到百万余众。红巾军之外，高邮的张士诚也趁机起义，元朝政权摇摇欲坠。

博物馆小剧场　红巾军的起义之路

1 嘿！起义军终于打到我的家乡汝州城了。三年前，黄河在我们这儿决口，庄稼都被洪水冲没了，乡亲们没得吃，只能扒树皮、挖野菜充饥。后来，树皮、野菜也吃光了，我只好带着一家老小逃荒求活路。

2 我们逃到黄州，正赶上县衙发救济粮。县官是个蒙人，他只给蒙人和色目人发救济粮，却让我们汉人流民活活挨饿。我忍不住愤怒，带着大家抢了救济粮。正好彭莹玉起义军招兵，我参加了。

3 彭将军没起义前，曾给很多穷苦百姓免费看病，大家都信服他。听说各地都成立了红巾军，杀富济贫，很受百姓拥护。彭将军干脆给我们也改名叫红巾军。

4 由于我胆子大，彭将军命我带人到黄州发动百姓起义。在黄州城外，不巧遇到了当初我抢粮时的卫兵。幸亏一队不是红巾军的义军救了我，为首的兄弟说他们是张士诚的队伍。现在起义的英雄真多啊！

　　元末此起彼伏的农民起义爆发，与伯颜的排汉政策是分不开的。他实行不公平的种族政策，限制汉人、南人家庭存铁器，使农民的生产、生活受到极大影响。黄河水患的发生，加剧了社会矛盾，再加上元惠宗执政中期偏信佞臣，治理水患不力，形成"路有饿死者，日夜与鬼邻"的惨状，将农民逼迫到了绝境，因此，大面积的起义叛乱不可避免。

历史小百科

红巾军起义所建立的政权

　　红巾军主要有4个分支：黄河流域及东北各地的刘福通部，江淮地区的郭子兴部，长江中下游的徐寿辉部，两湖区域的王权部。红巾军先后共建立了5个政权：徐寿辉在蕲州建立天完政权，韩林儿在亳州建立大宋政权，陈友谅在江州建立大汉政权，明玉珍在重庆建立大夏政权，朱元璋在应天建立吴政权。

温州百里坊的由来

　　传说，朱元璋领导红巾军攻打到温州，几次进攻都被守军击退了。朱元璋的马被一支流矢射到，将他摔伤了。朱元璋发誓要屠城，军师刘伯温忙劝阻，最后朱元璋答应只杀到百里。城破后，朱元璋刚屠杀了几条街，忽然看到街道上立着一块刻有"百里"的石碑，只得停止杀戮。原来，石碑是刘伯温连夜刻成偷偷放在那里的。从此，这条街就被称作"百里坊"。

第十节

鄱阳湖大战

文物档案

名　称：元末统军元帅之印

出土地：安徽省宿松县

特　点：正面印文为篆书"统军元帅之印"，背面有"中书礼部造""大义二年□月□日"铭文。

收　藏：中国国家博物馆

红巾军经过十几年的反元斗争，幸存的队伍经内部的收编整合，江南地区主力部队只剩下徐寿辉麾下的陈友谅部与韩林儿麾下的朱元璋部。1360 年，陈友谅谋害徐寿辉，建立大汉政权，年号大义。称帝后的陈友谅主动攻打朱元璋驻守的应天，结果在龙湾之战中惨败。1363 年四月，陈友谅又集结 60 万汉军准备攻打应天，途经洪都时遭到朱元璋部将朱文正阻击。七月，朱元璋率领 20 万军队在鄱阳湖与汉军展开了 37 天的激战。战斗开始时，由于陈友谅的战舰宏伟并且数量多，而朱元璋的战船小且少，朱元璋吃了很多次败仗。后来，朱元璋采用小船侵扰、火攻等办法逐渐使战局扭转。陈友谅的汉军经过几次败仗后，退缩至湖内据守。八月末，陈友谅突围时被流箭击中身亡。

博物馆小剧场　　红巾军内部的生死兼并战

1 我是陈友谅，大汉的皇帝。说实在的，在龙湾之战中输给朱元璋，我心里一点儿不服气。要不是我中了康茂才与朱元璋联合设的计，进入包围圈，又赶上退潮导致大船搁浅，我怎么可能输？

2 这几年，我造了几百艘十几米高的楼船，再加上我集结的 60 万大军，消灭朱元璋的势力根本不在话下。朱元璋的战船十分矮小，我们的大船居高临下的优势十分明显。

3 我把大船首尾相连，本想形成巨大的围攻之势，没想到朱元璋用上百艘灵活的小船抢占了我方为首的十数艘大船的水道，然后掉过头来攻打我。我让舰队并排出击相互协防，不给他钻空子的机会。

4 朱元璋竟然又实施了火攻，借着东风之势，用火船将我的大船烧得七零八落。朱元璋的足智多谋让我的将士们有了畏战情绪，粮草也快没了。我赶紧逃吧！

鄱阳湖大战是中世纪以来世界史上规模最庞大的水战。在硬件装备和人员数量远远落后的情况下，朱元璋巧妙利用地形、风向、水势等条件多次击败汉军。陈友谅杀主篡位、残酷处决俘虏，使他失去了民心。缺粮时没有得到当地百姓的援助，是他失败的重要原因。鄱阳湖大战之后，朱元璋扫清了平定江南的最大敌人，并扩充了队伍，强大到足以与元军抗衡。

🔍 历史小百科

历史上发生在鄱阳湖的三次水战

历史上，在鄱阳湖共发生过三次大规模水战。1363 年，朱元璋在鄱阳湖以 20 万军队战胜了陈友谅 60 万汉军。1519 年，明朝王阳明在鄱阳湖镇压了宁王朱宸濠的叛军。最后一次是 1856 年，太平天国翼王石达开在鄱阳湖大败曾国藩的湘军水师。

鄱阳湖大战与火烧赤壁

《三国演义》中火烧赤壁的章节家喻户晓。赤壁之战中，曹操把战船用铁链相连，坚不可摧。诸葛亮施法术借来东风，把数十艘装满稻草、桐油的小船吹向曹军，使曹军战舰尽数被烧毁。赤壁之战虽然名气很大，但在正史《三国志》中并没有细节的记载。罗贯中把朱元璋与陈友谅在鄱阳湖大战的场景搬到了他所著的《三国演义》里，丰富了赤壁之战的情节。

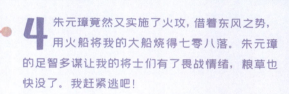

第十一节

元朝灭亡

文物档案

名　称：《大军贴》
特　点：朱元璋北伐时，告知部将如何处理元朝降官的诏书。
收　藏：北京故宫博物院

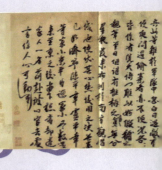

　　1355 年，丞相脱脱被奸臣哈麻暗害。失去脱脱的劝诫，元惠宗迷恋上修仙之术，朝政交由太子爱猷识理答腊执掌。1360 年，部分宗王不满朝廷荒政，一度引发内乱。平叛内乱后，太子有意让元惠宗禅位，以改观局面。元惠宗不肯，由此导致父子失和、政局动荡，讨伐农民起义军的日程一再被延误。1365 年，元惠宗派太原军阀王保保（扩廓帖木儿）肃清江淮义军，王保保却率兵赴河南、陕西与当地军阀抢地盘。元惠宗随即派太子带兵平叛，又引发了北方持续多年的大面积军阀混战。

　　1366 年，朱元璋除掉韩林儿，成为红巾军的领袖。次年，朱元璋消灭张士诚，招降方国珍，统一了江南大部。1368 年初，朱元璋称帝，国号明，他就是明太祖。八月，明军占领大都，元朝灭亡。

博物馆小剧场　明太祖的建国之路

1 我刚参加红巾军那会儿，元丞相脱脱的军队差点儿把我们灭了。幸好元朝的皇帝怕他功高盖主，临阵撤兵。之后，来平叛的元将个个都是胆小鬼，全都成了我的手下败将。

2 我的队伍刚壮大一点儿，同为起义军的陈友谅就妄图吞并我部，结果他反被我吞并了。韩林儿、张士诚等义军首领只想偏安江南，忘了推翻元朝、救民于水火的初心。我干脆把他们都消灭了。

3 前不久，我俘虏的一个军阀对我说：元朝皇帝现在忙着修仙，太子管理朝政。太子看不惯皇上，父子俩各自为政，所以他们就趁此乱局四处抢地盘敛财。哈哈，这不是上天赐给我的良机吗？

4 北伐时，我命各部趁军阀混战两败俱伤的当口再进攻，坐收渔利。这招使我们快速地扫清了障碍，逼近大都。元朝的皇帝见我们来势汹汹，吓得赶紧逃跑了。

　　元惠宗执政后期，荒淫无度并崇信修仙之术，把朝政交给了太子。太子对平叛起义军将领不信任，使忠臣蒙冤而死，削弱了平叛的力量。各地军阀各自为政，进一步分散了抗击起义军的战斗力。朱元璋严明军纪，使农民义军快速向正规军转变，他的队伍最终成为最强的反元力量。元朝灭亡，既是长期受压迫人民反抗的结果，也是多种问题长期积累的结果，包括阶级矛盾、民族矛盾及自然灾害等。

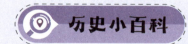

历史小百科

朱元璋的《大军帖》

　　《大军帖》书写于 1367 年，共 169 字，是朱元璋是攻打元朝时，写给手下部将的一封信。此时，朱元璋已收服陈友谅与张士诚等义军，平定了南方。他派出先头部队北伐，攻打元大都，一路上收降了很多元朝官员。在这封信中，朱元璋表明了他对降官充入军队的担忧，希望能把他们送回江南，并要求义军保证降官家眷的安全。

北元政权始末

　　1368 年，朱元璋占领大都。元惠宗携百官出逃至上都，继续使用"大元"国号，史称北元。1388 年，为彻底解决北元军对明境的侵扰，朱元璋派大将蓝玉率大军出塞征伐北元，明年在捕鱼儿海（今贝加尔湖）大败北元军。北元经此战后元气大伤。1399 年，蒙古族乞儿吉思部首领鬼力赤否认北元皇帝额勒伯克的宗主权，打败并杀死了额勒伯克。1402 年，北元再次内乱，末帝坤帖木儿被杀，鬼力赤趁机篡位，之后改国号为鞑靼。至此，立国 34 年的北元宣告灭亡。

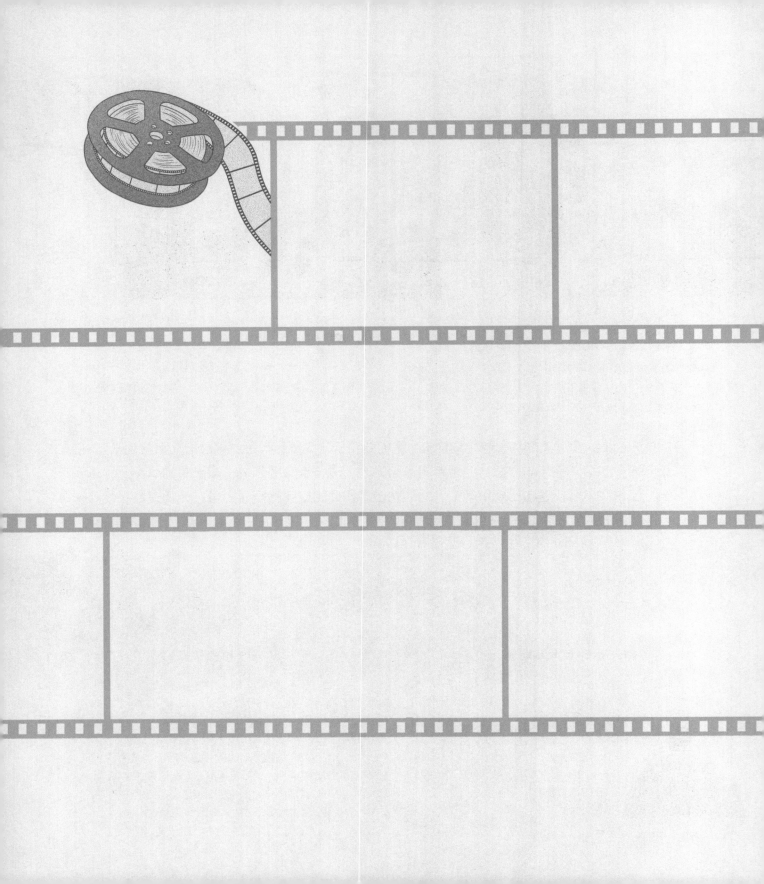

第七章

宋元时期的经济与科技

第一节

繁华大都市的出现

　　宋元时期，出现了北宋开封、南宋临安、元朝大都等人口超过百万的大都市。这些大都市商业繁荣、文教昌盛、娱乐丰富。北宋时期，最热闹、最繁华的地方当属东京开封大相国寺瓦舍，这里商品琳琅满目，应有尽有，勾栏中说书、唱曲、蹴鞠等表演热闹非凡。南宋临安城的娱乐业更为发达，城中有大、中、小瓦舍多处，城外还有 10 多处瓦舍。南宋节日特别多，包括元日、天庆节、寒食节、冬至等，每逢节日各处瓦舍更是人声鼎沸、商贾（gǔ）云集。元朝大都商业发展异常繁荣，当时的大都被分成五十坊，每坊都有商业行市，米市、面市、缎子市等达 30 多种，顺承门牛马市、枢密院角市、什刹海东北岸的日中市（也叫斜街市）都是当时很有名的行市。

博物馆小剧场　　说书艺人的一天

1 我家几代都是说书的，每到过节都异常忙碌。今年端午节的白天，我趁着休息的空到西湖转了一圈。端午节官府放假 3 天，很多人来西湖游玩，上午有龙舟比赛，热闹非凡。

2 端午节的晚上可把我忙坏了，我先到城东瓦舍讲了《三国志平话》，讲完了又马不停蹄跑到驸马府旁的瓦舍讲了《碾玉观音》。城外还有几家瓦舍邀请了我，但我实在忙不过来，就拒绝了。

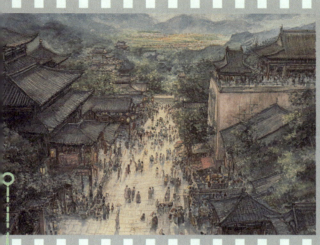

3 我爷爷在东京城的大相国寺里说过书，他说那里的瓦舍非常大，庙会时可以容纳上万人。书籍、帽子、玩物等商品应有尽有，还有唱曲的、摔跤的等好多种勾栏演出。

4 有一天晚上我讲了5场书，一直讲到三更，回家的路上正好碰到入城的番商驼队。临安城现在每天都有上千名番商进出，他们从西域带来各种特色货物，在这座人口超百万的都市异常受欢迎。临安城真的应有尽有！

宋元时期的开封、临安、大都人口都超过百万，比同时期西亚及欧洲最大的城市大马士革人口多出几倍。大都市商业发达、娱乐项目繁多，宋朝夜市出现了"夜市直至三更尽，才五更又复开张"的局面。另外，大都市的文化、教育完善，国子监、太学院、武学院等引领全国的文化教育发展。这些大都市的繁荣，也从侧面体现出当时中国的富强。

历史小百科

宋元时期歌舞的发展

　　宋朝重文轻武，作为文人雅趣的歌舞非常盛行。宋舞与唐朝时标志性的独舞相比有了本质性的变革。宋舞分为：在宫廷、酒楼表演，融音乐、歌唱、舞蹈于一体的大曲歌舞；在勾栏、码头表演，包含音乐、舞蹈、武术与杂技的社火。两者都是群舞。元朝继承宋舞的特色，又加入了蒙古族的神话、传说，编排出《白翎雀舞》《说法队》等带有叙事情节的乐舞。

瓦舍和勾栏

　　瓦舍是宋朝时兴起的商业性游艺场所，也被称作瓦子、瓦肆、瓦市。吴自牧的《梦粱录》里写有"瓦舍者，来时瓦合去时瓦解"，表示这个贸易的场所是临时存在的。两宋娱乐项目丰富，瓦舍中常有摔跤、杂耍、蹴鞠、唱曲、说书、戏法、歌舞等多种勾栏专场表演。勾栏也作钩栏，钩这里指帘幕钩，钩栏代指围起来的帘幕，也就是小剧场。

第二节

独具特色的文化

文物档案

名　称：元代景德镇青白釉戏剧舞台人物枕

特　点：瓷枕镂雕精细、瓷质光润，整体构造集建筑、舞台与瓷塑艺术于一体。

收　藏：首都博物馆

宋元时期的文化呈现出百家争鸣的局面，词在宋朝最为兴盛，涌现出以豪放派苏轼、婉约派李清照为代表的诸多词人，他们的诗词广为流传。元曲是继唐诗、宋词后我国又一种主要的文学艺术形式，出现了以关汉卿、马致远、郑光祖、白朴为代表的元曲创作群体。元曲中的杂剧深入平民阶层，发展成大众娱乐。史学方面，宋代司马光编著的《资治通鉴》成为与《史记》齐名的编年体通史重要著作。宋元时期，儒学得到复兴，并诞生了理学这一新儒学思想。绘画方面，宋朝有黄居寀（cǎi）、李公麟、张择端、王希孟等画家，元朝有赵孟頫（fǔ）、吴镇、黄公望、王蒙等画家，他们创作出许多传世珍品。书法方面，出现了苏轼、黄庭坚、米芾、蔡襄等书法大家。

博物馆小剧场　剧作家的创作记

1 今天我约了一名杂剧演员来谈戏，准备写一部有关南宋爱国词人文天祥的杂剧。两宋时期优秀的诗人、词人很多，如苏轼、柳永、陆游、王安石等，而我最崇拜文天祥，他的高风亮节，堪称我辈的楷模。

2 这名杂剧演员很有名气，在大都的瓦舍表演过关汉卿的《窦娥冤》和马致远的《汉宫秋》两个剧本，场场爆满。白朴也特意找他说过戏呢！他对我的剧本创作一定会有很大帮助。

3 他让我从史书里多找些文天祥的事迹，但不能明着赞扬他。文天祥是南宋时期的抗元英雄，如果朝廷阻挠，戏就排不成了。

4 我的剧本开始创作了，赵孟頫大人听说后还高兴地为我题写了剧本名。天啊，这真是太荣幸了！赵大人是宋朝皇族后裔，不但画画得好，书法也不比宋朝苏轼、米芾、蔡襄、黄庭坚等大书法家逊色。

　　宋朝重文抑武，使得整个社会上至皇帝公卿，下至黎民百姓，都出现了重学好文的局面，涌现出苏轼、王安石、辛弃疾、陆游等一大批诗人、词人。而宋元皇帝对美学艺术的追求与欣赏，又造就了大量画家、书法家。元朝时，人民群众为表达对统治阶级压迫的不满，又创作了元曲这种特殊艺术表现形式。总之，宋元时期的文化为后世许多文化艺术形式的繁荣奠定了基础。

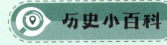

历史小百科

涤亲溺器的故事

　　黄庭坚是北宋著名的书法家，曾教授过宋徽宗书法。黄庭坚是个孝子。他母亲有洁癖，受不了溺器（马桶）的味儿，黄庭坚就每天亲自倾倒并洗涤溺器。后来，黄庭坚身居高位，家里也有了很多仆人，可亲自给母亲洗涤溺器从未间断。苏轼对他十分赞叹，写道："瑰伟之文，妙绝当世；孝友之行，追配古人。"

关汉卿智斗恶霸

　　关汉卿因为写了《窦娥冤》被朝廷赶出了大都。他回到家乡后，专心杂剧创作。一天，乡里庙会上演他写的杂剧，他跑去观看。乡里两个恶霸李氏兄弟在看戏的过程中忽然闹起事来，看客们都不敢管。关汉卿跑到后台，找了身县官的行头穿戴起来，然后假装县令指挥大家惩治恶霸。大家一拥而上，把恶霸狠狠地治了一番。

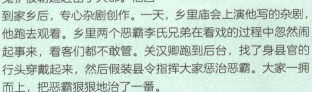

第三节

不断进步的印刷术

印刷术的雏形是战国时期就出现的印章。先秦时期，刻有重要内容的竹简用黏土封卷，再用印章标记，叫作泥封，泥封就是最早的印刷。隋唐时期，出现了雕版印刷术，用坚实的枣木或梨木制成薄板，把要印的文字写在薄纸上反贴在木板上，再用刀雕刻成凸起的阳文，就可以印刷了。宋朝的雕版印刷多用木板刻字，也有少量铜板雕刻。使用铜版印刷的机构有各级官府、书院、书坊，也有私人印刷坊。北宋末年，平民毕昇发明了活字印刷术，在胶泥制成的字模上刻字，再用火烧硬成陶质，将字模排版成要印的文章，刷上墨就可以印刷了，字模可拆分并能重复排版使用。元朝时又出现了木活字和铜活字。活字印刷术是印刷史上一次质的飞跃，从此书籍印刷变得更加方便、快捷。

博物馆小剧场　　**广受欢迎的活字印刷术**

1 毕昇发明的活字印刷术真的太方便了，印一页书只需把对应的字模一个个排好版，再刷上墨就行了。尽管前期要准备大量字模备用，但这些字模可以无限次使用，一点儿都不浪费。

2 我们印坊用的是木活字，听说福建那边的书坊有用铜活字的了。在木块上刻字比较容易，木头的价格也便宜，但木活字遇水容易膨胀，字就会变形，就得重新刻字。铜活字虽然刻着费劲，但肯定不会变形。

3 这批书是国子监的官坊委托我们印坊印的。虽说我们是私人开的印坊，可对质量要求很高，不比官坊、书院、书坊印刷的书籍质量差。最重要的是，我们的价格还便宜！

4 今天来了个番学院高丽国的学生，他拿了本书，想让我们按样子多印几本给汉族同学看。那是本高丽国印坊印制的汉文书，可以看出来，也是用活字印刷术印刷的。真没想到，活字印刷术传播得这么快、这么远啊！

　　唐朝雕版印刷术发明之前，人们只能手抄书籍，成书数量极少，且容易出错。雕版印刷术的发明解决了手抄书的弊端，但也存在刻版用时长，模版多不易保存等问题。毕昇发明的活字印刷术，以方便、快捷、高效的优点，使印刷术发生了质的飞跃，为中国乃至世界文化的传播与交流及文学艺术的普及创造了条件，提供了支持。

历史小百科

北宋交子

世界上最早的印刷广告

　　北宋时期，济南刘家功夫针铺印刷的广告是世界上已知最早的印刷广告，广告内容大致为："我们家的钢针选材好、做工精良，使用时不会出错，现在批发售卖，要得多价格还可以商量。"广告中间还特意刻了白兔捣药的图案，整个广告词简洁明了，非常实用。

彩色套印

　　彩色套印也是最早出现在中国，分为多版多色多次套印和饾（dòu）版多色逐次套印。前者是雕刻大小和样式完全相同的几块刻版，之后在每版相应位置着不同色，再用同一张纸印刷，达到单纸多色的效果。后者是将一个母版分解，雕刻成数个部件版，再在同一张纸上逐个用部件版着不同颜色印刷。北宋时期的交子、元明清时期的佛像画等多采用彩色套印。

第四节

指南针与火药的发明

　　早在先秦时期，人们就对磁铁的特性有所了解。北宋时期出现人造磁针指南，如"水浮法"指南针，即把带有磁性的钢针漂浮在水中指南，而"缕悬法"指南针是用线悬起带磁性的钢针指南。这是最早的指南针。后来，指南针技术被运用到航海领域，出现了罗盘。

　　火药是中国古代方士在炼丹、制药中意外发明的。唐朝时，火药制造技术趋于成熟。宋朝时，火药被应用到军事上，并迅速发展。在宋与辽、金、蒙的战斗中，相继出现了突火枪、火箭、火蒺藜等火器。元朝末期的战斗中，火炮的雏形——火铳被大量使用。13世纪，火药与火器随着蒙古西征被带到阿拉伯地区及欧洲，逐渐被西亚与欧洲人所掌握和利用。

博物馆小剧场　宋朝的发明真好用

1 宋人发明的指南针太厉害了。我这次出海使用的罗盘就得益于指南针，原本从爪哇到刺桐港（泉州港的古称），乘船至少要一个月的时间，现在因为方向精准，我仅用18天就搞定了！

2 航行的过程中，途经一片原始森林，我们上岸探险。幸亏我的汉人舟师带了一个"缕悬法"指南针，否则我们估计很难找到回船的路线。回到船上后，我让舟师好好演示了一番他的指南针，真是神奇！

3 舟师昨天用火铳赶跑了一伙海盗。那火铳是我在大食国商人手里买的。据说是蒙古军队西征时，把火器技术传到了大食国。大食国发明了威力更大的火铳。

4 火铳是靠铳膛里的黑火药爆炸射出铁弹丸攻击敌人的，黑火药据说是先秦的方士炼丹时无意中发明的。可惜，火药在我们国家并没有被好好开发，反而被外国人给充分利用了。

　　早在宋朝时，渔民出海捕鱼已经开始用"水浮法"指南针定位，并且通过海上丝绸之路，把这项技术传播到了阿拉伯地区。南宋曾三聘的《因话录》里记载了罗盘的使用方法，证明指南针与罗盘都是我国发明的。中国的火药和火器传入欧洲，不仅成为左右战争的重要因素，还推动了欧洲的社会变革与军工业发展。

历史小百科

火药武器产生爆炸的原理

　　中国古代的火药，主要是黑火药，它是由硝酸钾、木炭、硫黄组成的，这三种物质都是易燃物。火药燃烧时，硝酸钾在高温下分解成氧气和氮气，这个过程中释放出大量能量，同时木炭和硫黄、氧气反应会生成大量的二氧化碳和二氧化硫。这些能量与气体在受限空间内迅速扩散，造成压力激增，达到一定程度时就产生了爆炸。

磁石名称的由来

　　磁石早在春秋时期的《管子·地数》中就有记载，"上有慈石者，其下有铜金"。《吕氏春秋》中有"慈石召铁，或引之也"的说法。古人认为，磁石能吸引铁，是因为磁石是铁的"母亲"，像母亲吸引子女一样吸引铁。古人又进一步解释了磁极问题——"石有慈与不慈，慈者吸引子女，不慈者不吸引子女"，所以，当时这种石头被称作"慈石"。汉代之后，人们才把"慈石"写作"磁石"。

第五节

发达的中外交通

文物档案

名　称："泉州一号"宋代沉船
出土地：福建省泉州市泉州湾
特　点：可乘百人，载货量可达两百余吨。
收　藏：泉州海外交通史博物馆

两宋时期的陆路对外贸易在唐朝基础上得到了很大发展。元朝时，由于征服了西夏，相比宋朝时又新增了草原、漠南、漠北三条线路，进一步扩大了贸易范围。元朝统治区域广阔，为加强中央统治，建立了四通八达的驿站，建设了遍布全国的交通网，并且与西亚及欧洲形成陆路联系。随着指南针的发明，宋元时期的造船与航海技术也有了很大的提高。这一时期还开通了多条往来日本海、印度洋、阿拉伯海的航线，通过这些航线，中国的发明创造，以及瓷器、丝绸、茶叶、矿产等商品货物传入西方，同时西方的天文历法、数学、医药、农业与手工业的生产知识和技术也传入中国。元朝时，海上丝绸之路进入鼎盛时期，与中国有贸易关系的国家从宋朝时的五六十个发展到 140 多个。

博物馆小剧场　发达的对外贸易

1 前天，大食国的船被勒令暂停卸货，原来漠北线发往大食国的货物被扣，朝廷非常不满。漠北线是新开辟的线路，还有漠南、草原两条线也是通往西亚的，目的是把更多货物运出国门。

2 消息是由急递铺的铺兵送来的，据说命令是 10 天前从大都发出的。好快啊！从大都到我们刺桐港竟然只用了 10 天！这要是按平常的速度得走近一个月。递铺多就是好，传达指令十分迅速。

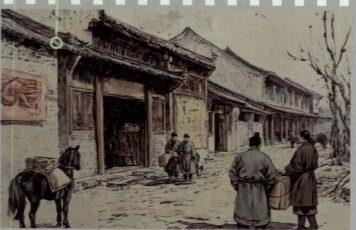

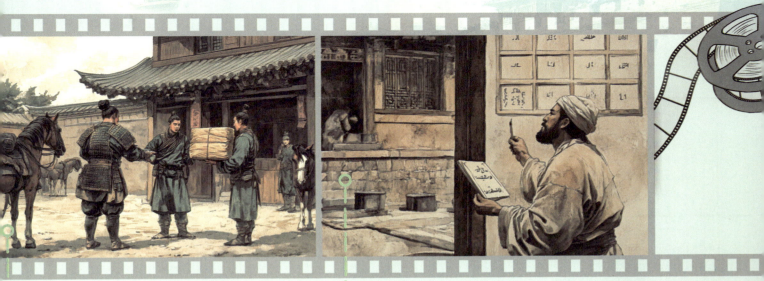

3 陆上的急递铺传送消息快了，我们海上航线的速度也提高了。目前有一百多个国家的商船来刺桐港装卸货呢。我们从早忙到晚，几波人轮番干都忙不完。

4 急递铺又传来消息，说大食皇帝不知道那是我们新开辟的陆路线路，误会一场。我们也松了一口气，毕竟我们这些年和大食国交往十分密切，那边的天文学、数学和医药等知识，都对我们有很大影响。

　　宋朝时指南针的发明，使海上丝绸之路变得异常便利，出现了泉州港等国际贸易大港。当时泉州号称"光明之城"，进出口贸易致使"油灯、火把彻夜不灭"。元朝时，全国递铺达 1500 多处，急递铺急递可日行 300 里。宋元时期发达的中外交通网使得中西方交流越发密切，各种先进技术实现了互相引进，为后来的欧洲工业革命提供了部分条件，对世界发展也具有跨时代的意义。

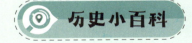

历史小百科

宋朝时期先进的造船技术

　　北宋时期，中国率先使用船坞造船，这使造船业形成了流水线作业，提高了造船效率。南宋时，发明了水密舱技术，将舱内空间用隔板分成若干个密闭的水密舱，触礁时水只涌入水密舱，不会灌满整个船舱，从而避免了沉船。除此之外，还出现了尖底造型、多根桅杆等制造技术，这些先进技术使得宋朝的海船坚固耐用，远销海外多国。

马可·波罗传入欧洲的东方美食

　　马可·波罗在元朝生活了 17 年之久，到过中国很多地方。史学家们认为有三种美食很有可能是马可·波罗传入意大利的，在《马可·波罗游记》中有关于线面（即干制的挂面）与中国冰酪的记载，它们有可能是意大利面与意大利冰激凌的前身。此外，意大利民间有个传说，马可·波罗在中国很喜欢吃馅饼，回国后请厨师做，可厨师怎么也无法把馅放到饼里，只好放在饼上面制成烤饼吃，据此推测，这很可能就是最早的比萨饼。